书山有路勤为径,优质资源伴你行
注册世纪波学院会员,享精品图书增值服务

沟通自由

扭转职场沟通困境的7项选择

施秀梅 孙安达·著

电子工业出版社
Publishing House of Electronics Industry
北京·BEIJING

未经许可，不得以任何方式复制或抄袭本书之部分或全部内容。
版权所有，侵权必究。

图书在版编目（CIP）数据

沟通自由：扭转职场沟通困境的 7 项选择 / 施秀梅, 孙安达著. —北京：电子工业出版社，2023.5
ISBN 978-7-121-45569-8

Ⅰ.①沟… Ⅱ.①施… ②孙… Ⅲ.①人际关系学 Ⅳ.① C912.11

中国国家版本馆 CIP 数据核字（2023）第 081536 号

责任编辑：杨洪军
印　　刷：三河市良远印务有限公司
装　　订：三河市良远印务有限公司
出版发行：电子工业出版社
　　　　　北京市海淀区万寿路173信箱　邮编100036
开　　本：720×1000　1/16　印张：16.75　字数：270千字
版　　次：2023年5月第1版
印　　次：2023年5月第1次印刷
定　　价：69.00元

凡所购买电子工业出版社图书有缺损问题，请向购买书店调换。若书店售缺，请与本社发行部联系，联系及邮购电话：（010）88254888，88258888。
质量投诉请发邮件至zlts@phei.com.cn，盗版侵权举报请发邮件至dbqq@phei.com.cn。
本书咨询联系方式：（010）88254199，sjb@phei.com.cn。

愿疗愈我的，也将启迪你

推荐序

真希望在我年轻时或初入职场时就有机会读到本书！

拿到本书样稿后，我第一时间在国际旅途中一口气读完，有种相见恨晚的感觉。尽管，在过去三十多年的工作经历中，我每天都要花大量的时间和精力与不同性格、不同背景、不同年代，以及不同国家的人沟通，并且以女儿、妻子、母亲、姐妹、朋友等各种身份和身边的亲朋好友沟通；尽管，我对书中的部分内容已有初步了解——去年，我们的工会邀请施老师为员工讲授沟通培训课，八周的系列培训破了我们很多纪录，如参与人数最多、线上互动及问答最活跃、员工课后反馈结果最佳等。但是，对于本书我仍充满期待与好奇。

本书基于"沟通系统"视角，以"沟通选择树"为框架，展示了从沟通态度到沟通状态、沟通模式、沟通风格等七项选择的内容和彼此间的关系。本书通俗易懂，在体系化选项的理论解析之外，还有落地的具体情景及实例供学习与参考。在阅读过程中，它时而引发我的反思与自省，思考自己为什么曾经"初心好"却不能达成"结果好"；时而帮助我建立更好的自我认知，评估自己是否具备随境而变、灵活切换自我状态的能力。读到建立和发展职场关系的内容时，我找到了最强烈的共鸣——作为在国际化公司工作的中国人，真的需要有意识地调整自己与各国同事的沟通层次比例。在开会时最好不要直接跳入工作主题的沟通，而是通过简短的礼节性问候或适度的闲谈型沟通开启会议，活跃气氛、展现关心，从而加深彼此的信任与合作……

我非常感谢两位作者将这本沟通宝典呈现给读者，也格外感谢他们给我先睹为快的机会。相信本书的问世会帮助更多伙伴提升沟通能力，拥有沟通自由，早日实现职场及人生梦想！

"无论我们选择如何度过此生，都是与世界进行以人生为长度的沟通。"沟通自由，可以帮助我们面对并赢得任何未来！

李梦涓

强生公司 亚太研发与创新及杨森中国人力资源副总裁

序言

我理解的自由

据说，自由的定义有二百多种。

我理解的自由，是面对任何情境，我们都有选择。

朋友送了一盒他家乡的奶酪，我很喜欢。

吃完后，不好意思再要。购物平台的产品真伪难辨，不敢乱买。很长一段时间，我像小矮人哼哼[1]一样，什么都不做，只在原地等待，幻想朋友还会再送。尽管我连"我很喜欢，我想要"的信息都没告诉过他。

终于有一天，我决定不再等待。我问朋友奶酪在哪里买，他说再送我一盒，我说："不，等你送，我只能等。而知道了在哪里买，我想买就可以随时买。"

从此，奶酪自由。

想要，却不好意思开口要；不放心购物平台的真伪，却又不愿克制这口腹之欲。"只能等"对我来说是不自由的体验。既然想要，便要突破自身内部沟通限制，以恰当的方式使自己满足。面对他人的建

---

[1] [美] 斯宾塞·约翰逊：《谁动了我的奶酪》，魏平译，中信出版社 2020年版。

议，我选择坦承自己的想法。这一系列的选择与决定，让我体验到沟通自由，因而实现奶酪自由。

当然，上述困境是我个人的。你可能感同身受，也可能认为"不是个事儿"。但每个人都或多或少有一些沟通难题，即"确实是个事儿"。我的分享仅想说明，面对沟通困境，其实我们是有选择的。

奶酪是一个比喻，它可以是薪水、职位、机会……是一切我们想得到的东西、想实现的目标。在寻找、得到奶酪的过程中，如果有选择，我们便是自由的。正如M.斯科特·派克所言："作为成年人，整个一生都充满选择和决定的机会。接受这一事实，就会变成自由的人。"[1]

在现实沟通中，我们常听到如下描述。

"他都这样说了，我还能怎么办？"

"我就是嘴笨，没办法……"

"我这个人就是这样，直来直去，改不掉……"

以上这些描述，似乎都在力证有时我们别无选择。对此，维克多·弗兰克尔认为，无论既定处境如何，人都有最后的自由，即选择以何种态度面对处境、选择自己道路的自由。[2]

所以，我坚信，有选择即自由。即便在特定的困境下，我只能选择以不同的态度面对，但我仍是自由的。

沟通，因"有选择"而自由

沟通自由，即沟通中我们永远都有选择。

---

[1] [美] M.斯科特·派克：《少有人走的路》，于海生译，吉林文史出版社 2007年版。
[2] [美] 维克多·E.弗兰克尔：《活出生命的意义》，吕娜译，华夏出版社 2018年版。

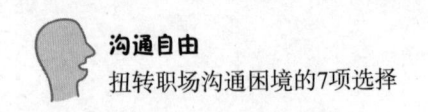

沟通自由
扭转职场沟通困境的7项选择

我们有哪些选择？

本书前七章提供了七大类选项。整合所有选项，我们绘制了一棵"沟通选择树"[①]（见图A）。借助它的形象展示，我们简要概述本书的内容及它们之间的关系。

第一章沟通态度，它是沟通选择树的根。尽管它常隐藏于沟通行为之后，但人们总能感受到它，并常因态度问题而忽视沟通内容。因此，态度是所有选择的基础，选择并坚守有效的沟通态度是实现沟通自由的重中之重。

第二章沟通状态，它是沟通选择树的主干。沟通状态是此时此地个体表现出的、可观察的部分人格。通常，沟通状态源自我们的本能反应，这导致大部分沟通困境的出现。因此，有效沟通需要我们有意识地觉察，并选择恰当的沟通状态。

第三章沟通模式，它主要分享了在人际沟通中选择沟通状态的方法与技巧。具体内容包括在日常工作中适宜沟通状态的建议、常见沟通难题的沟通状态策略及特殊沟通困境的应对技巧。

第四章沟通效能，它揭示了初心好不等于结果好的部分原因。因此，我们需要以终为始，做出选择。这里的"终"泛指正效能的沟通目标。

第五章沟通风格，它尝试从沟通特征维度解释"鸡同鸭讲"现象。同时说明了我们的选择需要平衡组织需要、他人期待与个人偏好。

第六章沟通层次，它回答了我们可以选择说什么与说到什么程度的问题。

---

① "沟通选择树"和"沟通系统意象"两幅图由李跃华和他的团队协作绘制。

序言

图A　沟通选择树

第七章沟通角色，它是沟通选择树的顶冠，也是唯一突破曼荼罗（Mandala）边际的树冠，象征着个体向上生长的决心与力量。消极的沟通角色的力量是向下的，它不仅导致个体沟通困境，甚至会阻碍个体职业发展；积极的沟通角色的力量是向上的，它引领我们突破发展瓶颈，更好地生长。

前七章的描述更多是基于个体与人际视角的，犹如一棵树与另一棵树的关系一样。但我们永远无法忽视我们生活在一片森林中，扎根于大地、被山河滋养、受日月照拂的事实。这是我们的生存系统，沟通亦然。

第八章，我们分享沟通系统以及如何基于沟通系统做选择。本章是对前七章内容的回顾、查漏补缺及整合应用示范，更为重要的是建立沟通系统观。"沟通系统意象"（见图B）呈现了我们理解的沟通系统的大部分内容，包括沟通底线、沟通要素三角形、沟通过程圆环和观察自我。囿于篇幅，整体介绍沟通系统之外，我们仅简要阐述沟通环境、沟通目标、沟通决策和沟通拐点。它们既是沟通系统的一部分，也是独立概念。即便未通读前七章，你仍能轻松地理解它们，并从中获益。

觉知自己有选择，明晰自己有哪些选择，清楚自己如何在沟通系统中做选择，构成本书的全部内容。

无限趋近沟通自由

为避免"沟通自由"沦为一句动听但无用的口号，为确保你能日益趋近沟通自由，本书特别重视以下三方面。希望你在阅读和应用本书内容的过程中，能够关注它们。

一、始终基于What、Why和How三个维度

不了解底层逻辑，即基础理论，我们便容易迷失在技术或技巧的海洋

图B 沟通系统意象

中，即便手握工具万千，面对具体沟通情境，仍然无从下手；不分析沟通困境成因，不明晰难点为何难、痛点因何痛，我们便无法探明应对之道的方向；没有实用的方法、顺手的工具、实境的演练，我们便很难将理论转化为实际行动。

我们以沟通分析心理学（Transactional Analysis，TA）为主体，整合了组织行为学、教练技术、心理咨询技术等相关内容。它们共同构成本书的理论部分（What）。依托它们，我们剖析职场常见沟通困境的原因（Why），讲授应对技巧（How），并努力贯通三者，力求内容实用、易用、好用，且能够活用。很多心理学理论源于临床经验，其初衷是为心理不健康者和心理疾病患者提供咨询或治疗。职场心理学理论服务的受众群以心理健康者居多，服务旨在帮助其心理得到更好的发展。因此，我们着力将专业理论转化为职场语言，努力建构更适用的职场模型。职场模型可减轻你的认知负荷，深化你的理解，并有助于你灵活、变通地应用在具体的沟通情境中。

本书以我们十余年职场沟通培训经验为基础，以受训企业和受训客户的反馈为标准，甄选7个沟通分析心理理论，整合我们总结的"沟通过程""沟通拐点"等概念，共同构成"沟通系统"。它们历经实践检验，是职场沟通最普适、最受欢迎、采购率最高的课程。它们是沟通的底层逻辑，旨在助你跳出沟通的复杂万象，直抵沟通的本质。

本书依托专业理论，从不同视角解析沟通情境，以"我有选择"的信念打开突破困境之门。"我只能这样"——不知道自己有选择；"我也不想这样"——不知道自己除了本能反应，还有哪些选择；"我知道却做不到"——内在沟通失衡，情绪占据主导，仍不愿意选择最恰当的方式。我们永远都有选择，理解为何"我感觉没有选择"是"我有选择"的前提。

提供如何做的具体建议和方法，亦是本书重点。书中分享的88个沟通案例，全面涵盖职场的六大类沟通，如向上沟通、向下沟通、跨部门沟通及外部沟通等；涉及绝大多数职场沟通情境，如请示、汇报、赞美、批评、指导、绩效面谈、公开发言、线上会议等。通过分析沟通情境的典型困境，以更具针对性的理论进行剖析，借助真实案例，呈现沟通的技巧和方法。与单纯的沟通工具相比，它们生长于深植沃土的理论之树，因此，它们更灵活、更变通，也更具生命力。

二、兼顾"更高效工作"和"更好地做自己"两个目标

培训中有两个经典问题，相信也是很多人的困惑。

"学习是为了改变自己、迎合他人吗？"

"您讲得很好，我也听懂了。可是情绪一上来，我根本就做不到，怎么办？"

第一个问题关于学习目标，即我们为何而学？我们从不认为学习是为了改变自己，更不认为是为了迎合他人。学习是为了看到更完整的自己，并不断丰富、拓宽自己。有了更多选择，我们便有了更多自由。回归职场，高效工作是首要目标。选择有效的沟通方式，建构支持性人际关系，是高效工作的关键。放眼人生，更好地做自己是终极目标。这意味着我们要接纳真实的自己，并发展丰盈的自己。

第二个问题关于知道却做不到。它会阻碍沟通目标的实现，这源于内部沟通的失衡。因此，本书奉上6个成长专题。它们是自我冲突应对练习、有效思维能力训练、自我安抚冥想体验、认怂式心理减压、洞察职业发展剧本和在文字中感受自由。它们是我们在咨询和培训中常用的有效工具，希望能帮助你更好地向内看，寻找力量、发掘资源、克服阻碍；通过

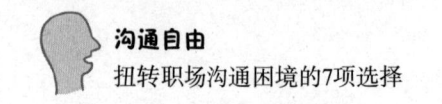

自我成长，更好地成为自己，更有效地推进沟通。

三、致力于建构内外兼修、宏微并重的沟通系统

提升沟通能力大抵从两个方向出发。向外：在人群中修炼；向内：在自我世界里修行。前者为外沟通，通过学习，在人际间践行，借助他人的反应与反馈，修正自己的认知与行为，再践行；后者为内沟通，觉知自己的不足甚至缺失，读取内在的渴望与期待，倾听更多内在的声音，而后平衡冲突、完善自我。内外沟通既彼此制约，又相辅相成、互为增益。关注内沟通，以求个体和谐自洽，可助力外沟通顺畅高效；修炼外沟通，以期人际和谐共长，将助益内沟通统一平衡。

沟通是一次对话，也是多次交谈，更是长久的个人形象、工作风格的塑造与管理。所以，偶尔说错话、回应不当、当下不擅长处理某个困境都不能阻止我们在沟通方面的成长。面对未来，我们还有很多选择。如此的态度与视角，可释放暂时的、当下的挫败带来的压力。我们会意识到自己仍是自由的，而非一朝封印，终生受困。相比短期沟通，长期沟通才是我们真正想要的"奶酪"。当然，跬步千里，每一次琐碎细微的沟通仍需受到重视。

沟通分析心理学将赢家定义为实现自己的目标，并使世界变得美好的人。目标在具体过程中被实施、实现，世界由自己、他人和环境共同组成，平衡和兼顾才能成为真正的赢家。但在沟通中，我们常顾此失彼，或忘掉沟通是在系统中完成的。有选择才是自由的，选择是为了实现自己的目标，但前提不可漠视——不伤害他人，有助世界变得美好。因此，平衡和兼顾之外，坚守沟通底线至关重要。观察自我是构成沟通系统的一部分，更是沟通系统的观察者。它致力于将自己从具体的沟通情境中抽身而出，以旁观者的角色，理性观察当下发生了什么，并根据实际情况调整沟

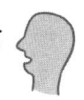

通策略。因此，训练观察自我可提升运用沟通系统观念和沟通系统方法的能力，推动我们实现沟通自由。

自由地使用本书

如果上述内容让你感觉沟通很难、很复杂，请理解我们毫无保留的初心。但我们保证它们不会，更不应该成为你的负担——对于如何使用本书，你是自由的。

沟通自由是每个人的理想。若这四个字能给予你启迪，在沟通中闪过"我有选择"的信念，不再受困于限定模式，我们便欣慰至极。毕竟，信念才是行动的真正启动键。至于有哪些选择、如何选择，本书不过沧海一粟，你可参考一二，但不必拘泥于此。

若蒙不弃，你愿意一读，那便以你喜欢的方式开始，任意选择其中一章、一节或一段都是可以的。本书提供的，以及你接触到的相关理论、技术或工具浩如烟海，我们永远学不完，更不必都学。

关于如何选择适合自己的理论，我们的建议如下。

其一，学可随心。相信直觉，选择触动、吸引你的。其二，学以致用。选择工作与生活中你最常用、感觉最好用、应用起来最得心应手的。其三，学以补短。选择有助于你应对个人沟通困境的。其四，学以扬长。选择能让你长板更长、优势更强的。

十余年来，我们为各类客户提供沟通培训。相关课程曾被众多知名企业反复采购，尤为可贵的是客户对系列课的高度认可。我们和客户共同承认一个事实，持续数月甚至更久的系列课能够更深入、全面、有效地帮助大家解决沟通难题，提升沟通能力。同时，受训者的反馈告诉我们另一个

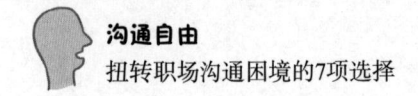

沟通自由
扭转职场沟通困境的7项选择

事实，系列课之所以更有效，是因为它们"提供了选择"——不同受训者总能从中找到自己喜欢的、适合自己的、感觉更好用的理论。在组织中，每个人都在自我提升，自然会拉高整体的沟通能力与沟通效能。

所以，请自由地开启你的阅读之旅吧。

感恩生命中的一切遇见，方有此书。

愿此书，助你沟通自由，"奶酪"自由。

目 录

推荐序

序言

第1章　选择沟通态度　　001
第一节　四种沟通态度　　005
第二节　区别现实差异与心理态度　　012
第三节　坚守"我好，你好"的态度　　017

第2章　选择沟通状态　　031
第一节　自我状态理论　　035
第二节　识别自我状态　　043
第三节　"职场成年人"是哪样的　　047
第四节　选择恰当的自我状态　　050

第3章　选择沟通模式　　063
第一节　三种沟通模式　　067
第二节　善用互补沟通　　073

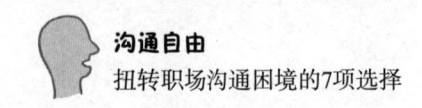

第三节	巧用交错沟通	079
第四节	慎用隐藏沟通	092

第4章　选择沟通效能　　097

第一节	安抚理论	101
第二节	安抚模式与沟通效能	107
第三节	职场安抚金字塔	112
第四节	实现沟通正效能	115

第5章　选择沟通风格　　127

第一节	五种典型沟通风格	130
第二节	识别沟通风格	136
第三节	沟通风格冲突	139
第四节	优化沟通风格	142

第6章　选择沟通层次　　153

第一节	沟通层次理论	157
第二节	职场沟通层次	162
第三节	沟通层次失宜	164
第四节	调协沟通层次	170

第7章　选择沟通角色　　179

第一节	心理角色理论	183
第二节	现实角色与心理角色	188
第三节	识破沟通陷阱	191

| 第四节 | 规避沟通陷阱 | 198 |

第8章　实现沟通自由　　　　　　　　　　209
第一节	沟通系统	213
第二节	沟通选择	217
第三节	沟通环境	224
第四节	沟通目标	227
第五节	沟通决策	235
第六节	沟通拐点	238

后记　　　　　　　　　　　　　　　　　　245

图目录

图1.1　四种沟通态度　　　　　　　　　　　　　　006

图1.2　"我好，你好"思维训练圆环　　　　　　　029

图2.1　自我状态结构图　　　　　　　　　　　　　036

图2.2　自我状态功能图　　　　　　　　　　　　　040

图2.3　成年人模型（PAC冰山模型）　　　　　　　047

图2.4　情绪主导的自我状态模型　　　　　　　　　055

图3.1　成人自我状态间的互补沟通　　　　　　　　068

图3.2　父母自我状态与儿童自我状态间的互补沟通　068

图3.3　成人自我状态与父母自我状态间的交错沟通　069

图3.4　成人自我状态与儿童自我状态间的交错沟通Ⅰ　070

图3.5　成人自我状态与儿童自我状态间的交错沟通Ⅱ　070

图3.6　交错型隐藏沟通　　　　　　　　　　　　　072

图3.7　双重隐藏沟通　　　　　　　　　　　　　　073

图3.8　化解冲突的自我状态组合　　　　　　　　　083

图3.9　顺从对方父母自我的沟通　　　　　　　　　085

图3.10　唤醒对方成人自我的沟通　　　　　　　　086

图3.11　抚慰对方儿童自我的沟通　　　　　　　　088

图3.12　拒绝为难的求助　　　　　　　　　　　　090

图3.13	拒绝好意的帮助	091
图3.14	以成人自我状态回应的隐藏沟通	093
图3.15	以儿童自我状态回应的隐藏沟通	094
图3.16	以控制型父母状态回应的隐藏沟通	096
图4.1	职场安抚金字塔	112
图5.1	沟通风格的冲突要素	139
图7.1	卡普曼戏剧三角形	184
图7.2	埃默拉尔德积极三角形	184
图7.3	心理角色的转换模型	200
图7.4	共生关系的PAC图示	204
图8.1	沟通要素三角形	215
图8.2	沟通过程圆环	216
图8.3	沟通目标的方向与范围	232
图8.4	沟通拐点扰动模型（STIR）	239

表目录

表1.1	"我好，你好"的有效思维	021
表2.1	自我状态、自我功能与沟通形象	042
表2.2	内在声音的特征与反思	061
表4.1	安抚类型	103
表4.2	职场给予安抚的典型模式	107
表4.3	安抚模式与沟通效能	110
表5.1	沟通目标导向与沟通风格	147
表5.2	克里斯·贝利的任务类型	148
表6.1	职场沟通层次	162
表6.2	发言稿中的沟通层次	170
表7.1	常见职场沟通陷阱	192
表8.1	沟通中的7项选择	217

第1章

选择沟通态度

沟通自由
扭转职场沟通困境的7项选择

引：

你这是什么态度！

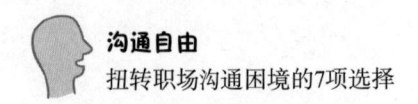

"你这是什么态度！"

"你说我什么态度！我态度怎么了！"

在沟通中，人们常忽略具体的沟通内容，而相互"讨伐"对方的态度问题。但双方到底是什么态度，这样的态度又怎么了？一句"你态度不端正"或"你态度不好"似乎说明了什么，又似乎什么都没说清楚。

态度到底是什么？

一方面，虽然我们说不清楚态度是什么，却总能敏锐地感知到态度差异。

临近午饭时间，小雷[①]准备点外卖，便从工位上站起身，和同事们发生了这样一段对话。

[①] 本书有很多真实案例，为了保护企业与当事人隐私，以及尽量还原沟通情境，对人物姓名和案例细节均做了一定程度的改动。

第1章
选择沟通态度

小雷："我要点外卖，你们要一起吗？"

同事小贺："帮我点一份呗。"

小雷："好嘞。今天想吃啥？不能太辣，还得肉多菜多。对了，你昨晚加班了，要不要补点维生素……"

同事小倪："雷雷，帮我也点一份。"

小雷："我不帮你点，你每次都那么多要求，我们吃不到一起，你自己点吧。"

单凭直觉，我们就能感受到小雷对两位同事的不同态度。对小贺的态度很好，充满关切，有耐心，想得周到又细致；对小倪的态度则不太友好，不仅拒绝帮忙，还指责对方"要求多"。值得深思的是，小雷拒绝对方的理由不是当下"不帮"，更可能是基于过往经历产生的心理上的"不想帮"。所以，不同的态度是源于对具体情境或他人具体言行的评判，还是对他人过往和现在的整体看法？

另一方面，我们很容易觉察到，对于已经发生的既定事实，如果我们的态度变了，我们的感受、行为倾向也会随之改变。

汤总是销售一部的负责人。因为第二天的客户汇报很重要，他想请策划部的负责人腾总帮忙看看汇报文件是否还有疏漏。

汤总："腾总，我明天这个客户特别重要，麻烦您再帮我们把把关，看看汇报文件是否还有疏漏？"

腾总："汤总，你们部门搞定客户的能力我心里有数。我现在手头有个急活儿要处理，实在顾不过来。这样，您带着团队预演一下，看看在预演过程中可能会出现哪些意外，这比我看汇报文件效果更好。抱歉啊。"

汤总："您说得有道理，这时候再和文件较劲的意义不大，不如看看

沟通自由

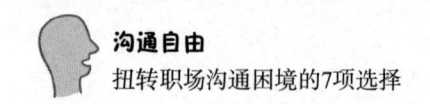

扭转职场沟通困境的7项选择

明天整体的汇报怎么才能出彩。那好嘞，我带团队预演一下，如遇问题再请教您。谢啦。"

此时的汤总相对客观和理性，他的回应是经过分析的。他认为腾总的建议比较合理，预演确实比审阅、修改文件更有效。于是，他安排团队预定会议，准备尽快预演。

可是，十多分钟后，他的感受和想法发生了变化。原因仅在于他无意路过腾总办公室，碰巧听到腾总和销售二部的负责人殷总的这段对话。

腾总："殷总，您对市场的判断，对公司产品的把握很到位。但你们的方案稍显零散，主线不明，会让客户没有记忆点。您这样啊……我让罗经理今天加个班，他擅长讲故事，让他帮你们梳理下思路，再把方案提炼提炼。"

殷总："那太感谢您了，我这就安排他们修改。您和罗经理打好招呼后我就去找他。争取明天一举搞定客户。"

听到这段对话的汤总内心不再平静。两次对话间仅隔了十几分钟，腾总却是两种态度，他不仅有时间指点销售二部的方案，还安排策划部的经理跟进帮忙。汤总认为腾总明显对自己不够重视，更偏心销售二部，他越想越生气，越想越觉得腾总预演的建议就是为了糊弄自己。汤总虽然带领团队做了预演，内心却记了一笔腾总和策划部的"恶账"。

可以说，此时汤总内心对腾总的态度完全改变了。对于腾总"没看汇报文件，只给出预演建议"这个已发生事件，汤总的看法从"是有效的建议"转变为"就是为了糊弄自己"。

为什么会这样？

在沟通中，我们不仅可以观察到别人外在的言行和状态差异，也可以觉察到自己内在的感受差异。究其本质，这些差异都源于我们看待自己、他人以及具体事情的不同态度。态度，决定沟通的行为倾向，推动或阻碍沟通的进展，影响沟通中及沟通后的感受，进而促进或破坏人际关系建设。所以，"态度决定一切"。因此，态度是"沟通选择树"的根，是实现沟通自由的决定中最基础却最重要的选择。

回到一开始的问题，态度到底是什么？

第一节　四种沟通态度

心理地位（Life position）理论有助于我们理解沟通态度。

心理地位是指个体以何立场感知自己和他人的基本价值，[①]亦称为基本态度、存在的态度或态度。即我们选择用什么样的态度、观点、立场来感受或看待自己、他人以及我们生存的环境和世界。

我如何看待自己？我是有价值、有能力、受欢迎的人，还是没有存在感、能力一般，即使休假一周也不会被同事发现的人？我如何看待他人？他们是能干、自带光环，上司偏爱、下属追随的人，还是孤僻、自私又冷漠的人？所有这些描述可概括为，我认为我好，我认为我不好；我认为你好，我认为你不好。

从沟通主体"我"、沟通客体"你"两个维度，态度好、态度不好两个方向，可得出四种基础的心理地位，即沟通态度（见图1.1）。

---

① ［英］艾恩·史都华，［美］凡恩·琼斯：《人际沟通分析练习法》，易之新译，张老师文化事业股份有限公司　1999年版。

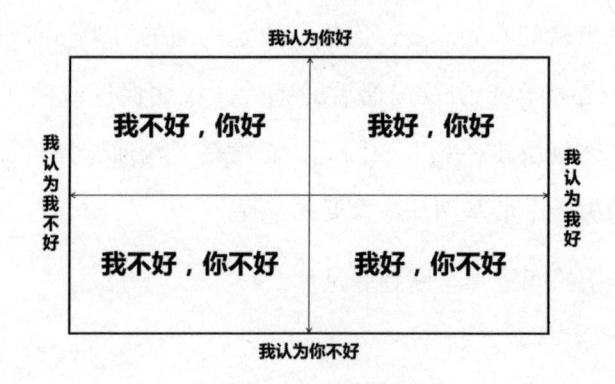

```
              我认为你好
        ┌──────────┬──────────┐
        │ 我不好,你好│ 我好,你好 │
我认为   │          │          │  我认
我不好   ├──────────┼──────────┤  为我好
        │我不好,你不好│我好,你不好│
        └──────────┴──────────┘
              我认为你不好
```

图1.1　四种沟通态度

心理地位源于我们在生命早期和养育者的关系。养育者如何对待孩子、如何评价孩子和自己，是孩子形成心理地位的基础。

父母照看孩子玩耍的案例极为形象地呈现了孩子和养育者的关系。尽管父母尽心尽力，但孩子仍免不了摔倒、磕碰受伤。

摔倒的孩子哭着喊："妈妈，妈妈……"

妈妈A，既没有查看伤情，也没有给予情感安抚，却像巨人般站在摔倒的孩子面前，说："你怎么这么没用，走个路还能摔跤，还能把自己摔成这样，谁家孩子像你这么笨？"

妈妈B，一看孩子摔倒了，慌忙跑过来，把孩子抱进怀里，说："宝贝，对不起。都是妈妈不好，妈妈没有照顾好你，妈妈应该跟着你的。"

妈妈C，正忙着刷剧或处理工作，根本没听见孩子的哭喊。于是，孩子停止哭喊，自己爬起来，拍拍身上的泥土，揉揉腿，并对自己说："没什么大不了，我可以自己照顾自己。"

妈妈D，首先查看孩子伤势，确认无大碍。于是，对孩子说："摔跤了，你是不是有点害怕，还有点疼？走路摔跤是难免的，谁都有可能摔跤，没关系。我们以后走路时注意看看地上有没有坑，注意安全就好了。"

第1章 选择沟通态度

现在，自己试着爬起来看看。"

上述四种回应很容易让孩子形成如下四种信念倾向。注意，这里说的是很容易，而非绝对的因果结论。

- "我没用，我是无能的、笨的。仿佛别人走路都不会摔跤，只有我会摔跤。因此，我是不好的。"

- "不是我的错，是妈妈不好，她没照顾好我。因此，妈妈是不好的。"

- "我有能力照顾自己、安慰自己，因此，我是好的。"也可能产生另一种信念倾向："没有人会爱我、关注我、在意我。因此，我是不好的。而妈妈对我不管不顾，她是冷漠的、无情的。因此，妈妈也是不好的。"

- "原来每个人都会摔跤，不是我笨呢，我还可以自己爬起来。因此，我是好的。妈妈没有责备我，她关心我、爱我，耐心地指导我。因此，妈妈也是好的。"

当我们带着这样的信念生活时，就会无意识地选择类似的人和相处模式，更会习惯性地选择看待人或事的视角。这样的信念倾向一点点强化我们的心理地位，最终固化、僵化我们的沟通态度。

将上述的摔跤换成职场中的失误，你是否感觉大部分情境十分雷同？

有必要说明的是，这里面的"我"和"你"都是代指，而非特指，是宽泛的概念。"我"可指代自己的个别特征，指代自己这个整体，还可指代我们，即我所在的群体、组织甚至社会。在公司内部沟通中，我代表自己所在的部门；在与客户的外部沟通中，我代表自己所在的公司。很多时候，我们还被代表一类人。如果你毕业于985院校，业绩突出，人们可

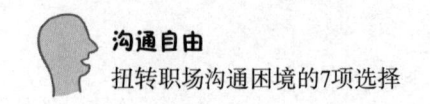

能会说"毕竟是'985'院校毕业的，能力就是不一样"。如果你业绩一般，他们则可能会说"'985'院校毕业的也不过如此，会学习不代表能力强"。

所以，"好"或"不好"并非现实的、客观的，而是个体的主观认知，是"我认为"的。"好"是泛指，指一切的美好。比如，有价值感、存在感的，有能力、有思想的，漂亮、帅气、品位极佳的，为人和善、热情体贴的，有帮助、有益处的……我们均用"好"来表达。"不好"亦然，泛指无能、无力、无知、无礼、无助、无益等所有的不美好。

一、我好，你好

"我好，你好"的态度，最有利于我们推进沟通。

持有该态度的人自信、自知，对待他人是平等、尊重和理解的，看待问题是客观、理性的。对于在沟通中人的差异、意见的不同甚至冲突或意外，都能持开放的态度，积极地面对问题，创造性地解决问题。

所有成功的职场沟通者，几乎都持有该态度。

回到上述小雷帮忙点外卖的案例，小雷对同事小贺便持有"我好，你好"的态度。小雷认为自己有能力和精力提供帮助，也是值得信任的。同事小贺是好的，也是值得提供帮助的。

在汤总的案例中，我们可以判断，汤总起初的态度亦是"我好，你好"。在被拒绝后，汤总并没有产生不好的感受，不认为腾总拒绝帮助自己，自己和团队就是不行的，他相信自己和团队的能力，此为"我好"。同时，他认为腾总的建议合理、有效，此为"你好"。所以，他安排预定会议，准备尽快预演，高效地推进了事情的进展。

二、我好，你不好

"我好，你不好"的态度，会导致我们摆脱沟通。

持有该态度的人多表现为自负、充满防御。防御意味着不允许别人说自己不好，当事情进展不顺或发生错误时，他们会把责任推给别人——都是别人不对，别人没做好，而自己是完美的、毫无瑕疵的。他们对待别人傲慢、强势，看待问题容易偏执。在沟通中，他们不能客观看待对方的优势与长处，常抓住别人的小瑕疵进行攻击。当别人提建议或意见时，他们会不加判断地认为这是对自己的打压或挑衅。因此，持该态度者，在沟通中常忽略问题的解决，他们只想赢，以此强化自己的好，掩饰自己的不好。他们缺乏耐心，急于摆脱问题，因为太希望快点结束沟通，而忽略问题是否被真正解决了。

向下沟通的上司、跨部门沟通的双方、离职沟通的发起者均容易持有"我好，你不好"的态度。

在小雷帮忙点外卖的案例中，小雷对同事小倪即持有"我好，你不好"的态度。小雷尊重自己的真实感受，选择直接拒绝对方，此为"我好"，而同事小倪要求太多，此为"你不好"。

在汤总的案例中，在听完腾总和殷总的谈话后，汤总的态度转换为"我好，你不好"。他选择按原计划进行预演，是对自己和团队能力的确认，有一种"没有你，我也能拿下客户"的信心，此为"我好"。对腾总，他的态度则转换为"你不好"——腾总给建议是在糊弄自己，其做事不够公允，不能公平对待自己的部门和销售二部。

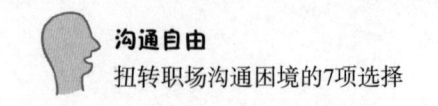

三、我不好，你好

"我不好，你好"的态度，会导致我们逃避沟通。

持有该态度的人多表现为自卑、依赖。无论何事，他们总是习惯性地否定自己，归罪于自己，因此常常自责，并感到沮丧。他们小心翼翼地对待他人，期待对方给自己具体怎么做的明确指令；他们希望对方能读懂自己的内心需求，尽管自己无法清晰表达；他们容易夸大问题的难度，总觉得自己能力不够，根本实现不了期待的目标。在沟通中，他们不敢表达自己的感受或需要，更不敢驳斥对方的不恰当言行。因此，持有该态度的人，常逃避沟通。他们认为自己没有能力实现沟通目标，谈了也没用。

向上沟通的下属、离职沟通的被动方、跨部门沟通的非核心业务部门均容易持有"我不好，你好"的态度。

同样是帮忙点外卖的事情，来访者小毕的心理态度与案例中的小雷完全不同。小毕将对方经常忘记付钱的行为解读为"不是恶意的，只是太忙导致忘记了"。她不好意思直接提钱的事，担心对方觉得自己小气。虽然对方的行为令其不舒服，她还是无法拒绝，依然每次都帮忙。小毕选择忽视自己的感受，害怕别人认为自己不好，这种害怕源于她认为自己不够好。虽然对方的行为欠妥，她仍然相信对方只是忙忘了，并无恶意。所以小毕在该沟通中的态度是"我不好，你好"。

在汤总的案例中，在听完腾总和殷总的谈话后，如果汤总感到挫败、沮丧，觉得自己不是公司红人、人缘差、受排挤，自己的客户贡献小，而腾总确有更重要的事情要处理，站在公司的角度这并没错，那么他就转入了"我不好，你好"的态度。

四、我不好，你不好

"我不好，你不好"的态度，会导致沟通毫无进展，甚至破坏关系。

持有该态度的人对自己、他人和世界丧失信心，表现出放弃、失望与无力感。极端者可表现为自我否定、自暴自弃，同时肆无忌惮地否定、攻击、指责他人，最终破坏关系。

需要警惕与此态度相关的两种现象。

一是职场摆烂。员工对公司不满，既不努力，也不主动离职，而是耗着等公司辞退自己以获取赔偿；公司对员工不满，既不主动辞退，也不规劝或想办法促进其改正，而是采取漠视、变相打压等方式，等员工待不下去主动辞职。还有一种看不见的职场摆烂现象是，为了获取个人利益，相互采取不正当手段内斗。

二是调解矛盾。当下属之间不合或发生冲突时，找主管领导要求评理或主持公道。两个部门之间有矛盾，阻碍项目推进，进而影响公司发展。此时，需要更高层领导主动调和矛盾。很多调和者倾向于"各打五十大板"，这种看似"分清责任，各自承担"的做法，实则传递出"你不好，他也不好"的态度。该态度很容易使被调解双方"谁都不买账"，导致调解失败。最终，调和者感到深深的挫败，认为"我不好，你们也不好"。

以上四种态度，我们通常都持有一种或两种，且不同程度地持有其他几种。面对不同的沟通对象、不同的沟通情境，我们的态度也会不同。在沟通对象、沟通情境不变的单次沟通中，我们的态度也会发生转变。

尽管我们不同程度地持有四种态度，也无法通过理性和意志力永远保持"我好，你好"的态度，但唯有"我好，你好"的态度有助沟通推进。清楚地认识到此点尤为关键。

第二节　区别现实差异与心理态度

在分享保持"我好，你好"态度的方法与技巧前，有一个更重要的提醒，那就是我们要能够区别现实差异与心理态度。在工作与生活中，我们常混淆它们，甚至将二者等同视之。现实差异是客观存在的，而且在沟通当下其大概率是不可改变的，如职级的高低、能力的大小等；心理态度却是主观可控的，是可以自主调整的。只有区别了二者，我们才能真正理解为什么沟通态度是可以选择的。

在培训中，我们常听到以下类似描述。

- "我能力就是比他强，我就是觉得我行，他不行。"

- "人家是'四大'出来的，当然厉害了。我们这些没镀过金的就是比他们矮一头，比不了。"

- "官大一级压死人，我可不敢表现出我有多优秀，乖乖听指令就好了。"

- "我们招人的标准是宁招70分的男性，也不招90分的女性。结婚、生孩子、请假，太麻烦了。就算能力再强也用不起。"

以上描述真实呈现了职场鄙视链中的能力、工作经历、职级和性别因素。除此之外，职场鄙视链还包括学历、年龄、薪资、职称、颜值、家庭背景、地域及是否为核心部门等。我们可能实力确实不如他人，容易产生"我不好"的感受，或者他人真的不如我们，于是我们本能地认为"你不好"。这些现实差异客观存在，我们无法否认，也不应漠视。但无论任何境遇，我们都可以选择有效的沟通态度，即"我好，你好"的心理地位。这样的做法是将现实差异和心理态度区分开，而不是将二者混为一谈。我们以职级差异和职能差异为例。

一、职级差异——跨级沟通

职级差异的影响，同时体现在跨级沟通中的双方。

上司较容易持有"我好，你不好"的态度。他们倾向于相信自己的能力、阅历与经验，常认为下属缺乏经验，对公司政策的了解也不如自己。因此，在沟通中他们常说"就按我说的办""别问那么多，让你怎么办就怎么办"。通常，上司更关注事情本身，因此，他们言语简明、直接，多命令语气，以求迅速、高效结束对话。部分领导者会以"太忙，没时间解释"为由，其本质仍是"你不好"的态度——"我是上级，没必要多做解释，你是下级，服从命令就好，别问这问那的"。如果领导在传统、权威的养育模式中长大，又恰好在权威型管理体制中工作，"我好，你不好"的态度就更为寻常了。

下属常持有"我不好，你好"的态度。他们常对自己的能力或经验不够自信，并认为自己和自己的事微不足道。他们认为上司是忙碌的，要处理很多重要事务。对他们而言，发起主动沟通是困难的，因为他们常担心会打扰上司。在沟通中，他们容易过度服从，领导说什么就是什么；还可能表现得过度依赖，不敢做决定，被动等待上司给予明晰且具体的指令。在汇报工作时，他们容易弱化自己的成绩或贡献；在遇到困难时，他们很难表达自己的真实想法、感受或需要，不会求助、不敢拒绝，常委屈自己直到承受不住。因此，他们常说"大家说得对""您说怎么办，我负责执行""我没什么要说的""好吧""那也没有别的办法"等。

恰当且有效的方法是双方均选择"我好，你好"的态度。

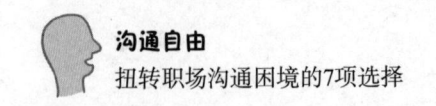

上司的功课是看见并相信"下属的好",即看到下属的能力与潜能。除非紧急的执行类任务,上司应尽可能和下属交代清楚任务的背景、目的及期待,以便下属了解具体情况,贡献自己的想法和建议,发挥主观能动性,创造性地解决问题。除了具体事务,上司还需关注具体的人,了解下属的想法、尊重下属的感受、欣赏下属的个性、肯定下属的能力等,真正做到人事兼修。

下属的功课是相信并表达"我好"的态度,即尊重自己的感受,敢于表达自己的想法、观点;大方承认自己的功劳与努力,展现自己的成绩;对于超负荷的工作安排,尊重自己的感受和需要,敢于拒绝,敢于申请支援。在工作中,下属应充分发挥主动性和创造性,敢做决定,勇于承担责任,为领导分忧,不过度揣测领导态度,专注解决问题,完成任务。

二、职能差异——跨部门沟通

职能不同,很容易导致沟通双方习惯性站在自己的立场看待问题。双方常夸大自己并弱化对方,包括价值、作用和努力等。因此,他们都较容易持有"我好,你不好"的态度。跨部门沟通常以讨论问题开始,逐渐演变为一场自证优秀的辩论。如"你们这个要求,完全是不懂技术的人才会提出来的""你们原本就是支持部门,这些要求不过分吧""为了这个项目,我们部门通宵达旦,你们在干什么"等。最后,双方均以"我不好,你不好"的挫败感收场。对于此类情况,强势的核心业务部门表现尤甚,在思维、行为模式差异较大的部门之间也更易出现。

品牌部为公司新产品创作了宣传作品,撰写了宣传通稿。但就产品描述的准确性、核心技术能宣传到什么程度等问题,品牌部想请技术部给点建议。

第1章
选择沟通态度

沟通第一阶段

郝总监（品牌部）："我们想就……听听技术部的意见和建议，特别感谢大家的支持啊。"

邬总监（技术部）："应该的，都是为了把新器械卖出去嘛。"

郝总监："是啊是啊，这是电子海报，我们主要从……"

邬总监："标题是不是有点夸张了？"

郝总监："标题传达的是公司愿景，今天看是有点夸张，但这是咱们公司的目标，从长远看，并不夸张。"

邬总监："嗯，咱们还不断有2.0、3.0版，确实不夸张。"

沟通第二阶段

邬总监："这是个专业术语，不能改啊，改了就不准确了。"

郝总监："这次的宣传对象以政府官员、医疗系统的行政领导为主。我们担心专业术语会使目标受众看不懂。"

邬总监："如果改了会误导读者。不能为了看懂，就瞎改啊。"

郝总监："这不是瞎改，这是对术语的转换。政府公关这方面，我们有经验，深谙目标受众的阅读偏爱。以前，我负责……"

邬总监："我们不懂宣传，可是你们不懂产品。这些虚头巴脑、花里胡哨的东西，跟什么都没说似的。"

郝总监："这怎么叫什么都没说呢。只有目标受众感兴趣了，他们才会细读产品信息，否则哪有耐心看细节。你们研究产品技术的，整天跟机器打交道，根本不懂人。"

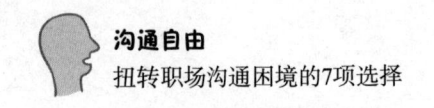

沟通自由
扭转职场沟通困境的7项选择

沟通第三阶段

邬总监："我们是不懂宣传，没任何经验，那你为什么还找我们开会，浪费大家的时间？你们不懂产品，搞出来的宣传也好不到哪儿去。"

郝总监："我们确实不太懂产品，所以才想请你们对核心技术文案把把关，谁知道你们这么死脑筋，一点都不会变通。全部都写专业术语，还要我们品牌部干嘛？"

该案例较为完整地呈现了失败的跨部门沟通。

沟通之初，双方均持有"我好，你好"的态度，能够相对客观地提出问题、陈述事实，也能够保持开放的态度，接纳对方的解释。

在沟通中，郝总监感受到邬总监的指责，产生了"我不好"的感受。所以他的沟通目标变为证明"我好"，沟通内容逐渐脱离问题本身，多为展现自己和品牌部的实力、经验，证明自己和部门是正确的，是好的。同时，证明"我好"还不够，郝总监开始攻击技术部不懂宣传，即"你不好"。当然，邬总监也以同样的方式做了回应——品牌部不懂产品，瞎改，即"你不好"。沟通形式从陈述转变为攻击或指责。

最后，两位总监都变得愤怒，开始相互攻击，并体验到挫败感。沟通目标变得混乱。双方的沟通态度都转换为"我不好，你不好"。

上述案例形象地呈现了沟通失败的原因，即沟通态度从"我好，你好"转换到其他三种态度。解决问题的答案往往藏在失败的原因里。因此，应对跨部门沟通困境的秘诀其实很简单，那就是双方始终坚守"我好，你好"的沟通态度。下一节提供了一些技巧与具体方法。

第三节 坚守"我好，你好"的态度

一、区别存在与行为

若想坚守"我好，你好"的态度，区别人的存在与行为最为重要。行为有好坏，但人的存在没有。因此，我们要尊重每一个人的存在。无论他的行为好或不好、能力强或弱、级别高或低，他都有存在的权利，他的存在是有价值的。

流浪者克努尔普，一生毫无成就，四处漂泊，孤苦落魄，甚至被认为浪费了才华。临终之时，他对自己的人生意义产生了质疑。

克努尔普："我是个多么可恶的家伙！……本来我是不该再活下来的。"[①]

神："你这个孩子般的家伙，现在还不明白这一切具有什么意义吗？正因为你要为所到之处带去些许孩童的愚蠢和笑语，所以你才不得不成为悠闲的流浪汉。"

克努尔普："为什么从那么多事情中我没有学到一点东西呢？那时候我还有时间，竟然没有成为一个正经的人！"

神："你用我的名去漂泊，把一些对自由的向往和情绪带给那些定居的人……"

在职场中，我们常会"看不上"不进取、没有斗志、做着闲差的人，也可能会排斥太过进取、争强好胜、挣扎在斗争漩涡中的人。但是，这都是他人的人生。我们可以不喜欢、不欣赏、不理解，但我们要尊重。尊重他人以

---

① ［德］赫尔曼·黑塞著；吴忆帆译.漂泊的灵魂.上海：上海三联书店 2013年版。

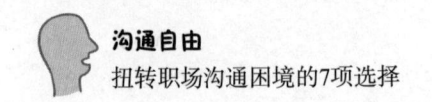

沟通自由
扭转职场沟通困境的7项选择

自己的方式度过一生，这是他人存在的权利、选择的自由。我们要坚信，无论何种人生，都有其价值和意义。当然，对于破坏性的或伤害我们的行为，我们必须及时阻止甚至适度还击。这就是区别人的存在和行为。

关于该信念，以下对话易懂且深刻。

电影《新少林寺》[①]中有这样一段对话。方丈劝煮饭僧悟道离开少林寺，出去看看。悟道觉得自己只会做饭，到了外面啥都不行，所以不去。

方丈："人生需要很多的经历和磨炼，离开少林寺，出去看看吧。"

悟道："俺就只会做点饭，到了外面啥都不会了，俺不去。"

方丈："一块金子，一堆烂泥，哪个有用处？"

悟道："俺猜金子吧。"

方丈："给你一粒种子呢？"

悟道：……

方丈："你不要看轻自己，每个人都有每个人的用处。"

一堆烂泥自有价值，何况一个人、一个岗位、一个部门、一家公司呢。

在公司中，总有一些部门相对重要或看起来没那么重要。在部门中，岗位亦如此。销售团队易持有"我们是创收部门，我们最重要"的态度，但若没有产品、售后服务与各类行政部门的支持，销售部何谈创收？研发团队常自认为是公司生存的根本，"皮之不存，毛将焉附"，他们认为没有核心产品，就没有公司的存在，所以研发团队最重要。但如果没有生产、营销、销售与售后等部门合作，再好的创意又如何变现？

除了经济收入，维系公司与品牌持续发展的因素还有外部的社会认

---

① 电影《新少林寺》，陈木胜执导，2011年上映。

知、内部的凝聚力等。所以，我们要用系统观念看待部门的存在价值，而持有"我好，你好"的态度是前提。尽管我们无法始终持有该态度，但在关键的沟通和沟通的关键时刻，有意识地转换为该态度，是赢得沟通的重要前提。

二、训练有效思维

从是否有益沟通目标达成的角度，思维可分为有害思维、无效思维与有效思维，三者的特征分别为主观否定、主观怀疑与客观分析[1]。运用心理态度理论理解，有害思维的沟通态度是"我不好，你不好"，此态度无益解决问题，容易让事情变得更糟，甚至破坏关系；无效思维是"我可能是不好的，你也可能是不好的"，此态度多将精力消耗在思考与问题无关的内容方面，从而造成拖延或逃避问题的解决；有效思维的态度是"我好，你好"，持此态度者能直击问题本质、勇敢面对、客观分析、积极探索解决方案，最终推进工作进展，促进沟通目标达成。

在大部分沟通中，我们无法厘清自己即刻闪现的思维是否有效。但在非紧急沟通情境中（撰写邮件、发送或回复微信等），我们不需要第一时间给出回应，因此我们有时间检视自己的思维是否有效，并思考有效思维会如何回应。借助非紧急沟通情境，我们有机会训练自己的有效思维，即训练如何以"我好，你好"的态度发起或回应沟通。

疫情期间很多同事居家办公，员工的心理状态不稳定，工作效率明显下降。小安是行政部经理。老板安排她思考一下从行政角度能做点什么，并让小安尽快写一份方案发给自己。小安加班加点，还联系了一些外部资

---

[1] 程社明，熊福林：《走向职场成功的36个密码》，机械工业出版社 2016年版。

沟通自由
扭转职场沟通困境的7项选择

源，赶写了一份方案发给老板。但是老板迟迟没有回复。小安不知道该如何推进此事，为此苦恼，于是前来寻求咨询师的帮助。

咨询师："老板迟迟没有回复，你肯定觉得不舒服吧？"

小安："是啊。不过老板就是这样的，催活时急得不行，害我加班加点，现在他却不着急了。"

咨询师："你觉得是他突然不着急这件事了？"

小安："可能是吧，否则不会拖了一周不回复。"

咨询师："你觉得老板现在不太着急这件事，你打算怎么办？"

小安："他不着急，我也不着急，那就再等等呗。"

咨询师："除了这个，你还有别的想法吗？"

小安："我还有点担心，担心我的方案写得不好，老板觉得执行价值不大，所以懒得回复。"

咨询师："如果是这样，那你准备怎么做呢？"

小安："我想发邮件问问，但有点害怕，怕被骂。"

咨询师："因为担心被骂，所以不敢核实？"

小安："是啊。"

咨询师："听起来你有两种想法，但都未得到验证。让我们一起看看是什么阻碍了事情的进展。"

咨询师让小安拿出一张A4纸，折叠成四个区域。分别写上"我好""我不好""老板好""老板不好"。通过分析，小安将上述两个想法分别填入"老板不好"和"我不好"区域。然后，咨询师引导小安想想另外两个区域分别有哪些可能性（见表1.1）。

第1章 选择沟通态度

表1.1 "我好,你好"的有效思维

我好	我不好
• 我很用心地做这个方案,包括收集资料、参考同事的想法等 • 如果方案有不足的地方,我也有信心将方案完善得更好	• 我的方案写得不好,没有执行价值
老板好	老板不好
• 老板太忙了,所以忘了回复 • 老板正在考虑执行细节,还没确定如何回复	• 老板善变 • 老板没有礼貌,计划有变未及时告知

经过咨询师的引导,小安看到了"我好,老板好"的可能性,这与之前她本能产生的想法不同。基于"我好,你好"的态度,小安很快就清晰了下一步可以做什么。如果老板太忙忘记回复了,适度提醒是恰当的;如果方案有不足的地方,继续努力完善方案就好;如果老板有更多的考虑,询问自己能做什么是分内职责。

于是,小安给老板发了邮件,核心内容如下。

知道您很忙,不敢贸然打扰。

但就之前提交的"如何提高居家办公的工作效率"方案,很想听听您的想法。疫情暂无缓解,越来越多的同事都亟待解决该问题。本周,我进一步了解了同事们的心理与现实需求,对方案做了一些补充。详见附件。

该报告还需在哪方面继续完善以及下一步如何推进都期待您的指导。您什么时间有空,我想和您当面或电话汇报。

该邮件基于"我好,你好"态度,既表达了自己的努力和思考,也表达了对老板的尊重和理解,同时从工作效率的角度提出了合理请求。

除了邮件沟通,微信沟通也是一种非即时沟通。理性告诉我们,秒回本

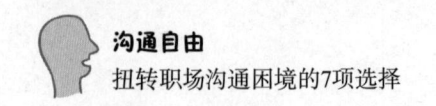

就是不合理的期待。尽管如此，对于迟迟未回复的现象，绝大多数人的本能反应仍是"对方没礼貌"或"我不重要"，即"你不好"或"我不好"。

这种本能反应一定是对的吗？

不一定对。迟迟未回复可能是对方没看手机，可能是不知道如何回复更恰当，也可能对方想等有进展、有结果时再回复。假设如此，沟通发起者的"我不好，你不好"就误解了自己和他人，阻碍沟通的有效推进——"我不好"会让自己心生委屈和无力感，行为难免退缩；"你不好"会让自己易生出抱怨，言词难免有指责意味。当然，作为沟通回复者，适当的解释和表达"已看到""在考虑""在推进"等也是至关重要的。如"抱歉，有些忙，没顾上看手机""您说的事情我需要些时间考虑，晚点再回复""我明白您的意思，我先跟进下，有进展即回复"等。上述回复看似没有任何信息，却传递了"我好，你好"的沟通态度——我是有礼貌的，你是重要的；我理解并尊重你对回应的期待，也尊重我有选择如何回复的权利。

不回复的现象，很多人解释为缺乏沟通技巧（嘴笨），实则仍是受困于沟通态度。让对方持久等待，又缺乏适度解释，确有不尊重之嫌，即"你不好"；不知如何回应而选择不回应，是对自己沟通能力的漠视，即"我不好"。

当然，面对迟迟不回复现象的一系列本能反应也可能是对的——对方礼貌欠佳；我们以及我们的事情于对方而言，确实不重要。即便如此，以"我不好，你不好"的态度思考问题，仍是无益、无效的，甚至会阻碍事情的推进，破坏关系。

因此，无论现状如何，以有效思维即"我好，你好"的态度思考，都是推进沟通顺畅进行的前提与保障。

三、选择有效行为

思维驱动行为，但并非所有有效思维都一定能转化为有效行为。二者之间的距离还需要我们理性选择，即在思维可能驱动的所有行为中，选择能真正推进沟通的有效行为。

除了职级和职能差异，职场现实差异还体现在专业技能方面，如网络管理人员更懂电脑、策划人员更擅长写PPT等。以下两种能力悬殊的情况，很容易让我们在行为上有所偏失。

我强，你弱

如果我们的某项具体技能确实比其他人强很多，我们就很容易持有"我好，你不好"的态度，并容易出现"过度干涉"和"疲于救火"的行为。前者往往会忽略对方是否需要，甚至在对方没有求助的情况下，忍不住指点，如"你就听我的！这个软件更好用""这个配图太难看了，我帮你改改"等。后者是只要出现相关问题，就会被抓去救火，从而成为职场救火队员。上述两种行为传递着"没有我，你不行"的信念，本质是"我好，你不好"的态度。

所谓人生只有三件事：我的事、你的事、老天的事。我们的首要职责是做好自己的事。对待别人的事，我们要坚信"没有我，你也行"，即"我好，你好"，帮助的行为须有所节制，以"不求不助""指导适度"为原则。"不求不助"是指无论我们多能干，如果别人没有求助，就不要帮忙。"指导适度"是指面对他人的求助，我们应提供适度帮忙。过分热情、主动地帮助常意味着对他人能力的不信任，这会妨碍他人的自我成长，也容易被误解为炫耀。

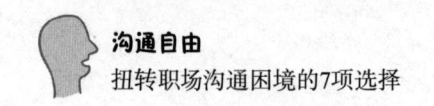

我弱，你强

因为某项具体技能弱，每逢需要该技能时，我们便容易陷入"我不好，你好"的状态，表现出"求助失度"的行为，甚至形成"弱者绑架"的现象。前者完全期待别人能帮我们搞定此事，不思考自己能做什么，能做到什么程度。后者则持有不可理喻的"你强你应该，我弱我有理"的错误信念，如"我做这事需要一周，还不一定能做好，而你只需要一下午就能搞定"，所以，"虽然这件事是我的事，但就应该你做"。这种对他人的依赖及绑架行为，是对自己应承担责任的放弃。把所有自己该做的、能做的、不能做的全部推给他人，完全不顾及对方有自己的职责，即"我不好"；认为对方完全有能力甚至可以轻松帮忙解决问题，即"你好"。

对于某项技能，无论我们有多弱，对方有多强，我们都要坚守"我好，你好"的态度，做到"求助有度，责权分明"。我们可以请求帮助，但要厘清自己能做些什么，能做到什么程度；自己已经做了哪些事情，尝试了哪些努力；自己的请求是否会影响对方的本职工作，哪些是对方比较容易帮助我的。而后，清晰具体地提出自己的请求。同时，我们需要始终清醒地意识到对方有权利不帮我。因为这是我们自己的事，不是对方的事。如果对方予以帮助，我们能做些什么补偿对方的时间和精力？如果对方不给予帮助，我们又将如何承担起自己的责任？

以上这些都需要我们做好行动预案，选择更有效的行为。

四、检视个人沟通困境

每个人都有自己的沟通困境。

第1章
选择沟通态度

有人向下沟通张弛有度、得体有效,却害怕向上沟通;有人向上沟通毫不费力,和上级侃侃而谈,却很难顺利向下沟通。有人公开汇报洋洋洒洒,一对一沟通却局促不安;有人谈工作得心应手,表达感情却支支吾吾、如鲠在喉。

以下五个问题可以帮助我们检视自己的沟通困境,并思考、选择新的应对方式。取其关键词的英文首字母,概括为D*2·ABC思考法。

1. 困境(Dilemma)。何种沟通情境是我不熟悉、想要逃避、不擅应对、让我深感不安或不舒服的?这个问题要尽量具体回答。向上沟通是宽泛的,向上申请资源、展示成绩、赞美老板,这样的情境是具体的。

2. 态度(Attitude)。我的沟通态度是什么?这些态度是怎么来的?有现实基础吗?合理吗?一定是这样的吗?

3. 行为(Behaviour)。我以往常采取什么方法应对?是尽量逃避、蒙混过关、等待问题自行消失,还是大吼一番就算了?

4. 后果(Consequence)。习惯的行为通常导致怎样的后果?产生什么影响?如果此类情境累积多了会怎样?

5. 决定(Decision)。想真正面对问题、解决问题,我要做出怎样的新决定?新的决定包括以怎样的态度(Attitude)去面对,采取怎样的行为(Behaviour)才是最恰当的,我期望得到怎样的结果(Consequence)。

常女士身为部门总监,业务能力强,自信果敢,向上沟通和对外沟通都处理得很好,却唯独在面对下属犯错问题上屡屡受困。此次,她的下属对外报价出错,被认定为严重的工作失误。常女士自己出面解决了这个问题,并和公司申请不要处罚下属。事中事后,常女士都没有就此事和下属

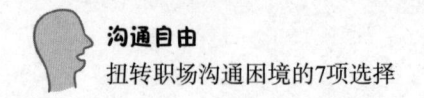

进行深谈。

常女士："我是想和她谈的，我也知道应该和她谈，有必要让她知道事情的严重性，以后该如何避免。但我就是不知道该怎么开口。"

咨询师："你的理性使你知道该怎么做，你的感性却使你做不到。能说说你当时的想法或感受吗？"

常女士："我主要担心这么大的失误，她一个女孩子会承受不了。而且，我作为领导，就应该保护她。"

咨询师："所以，你认为她是没有能力承担这个责任的？你认为只有保护下属，才是好领导？而你保护她的方式，就是帮她处理一切问题？"

常女士："是啊，她是下属，我是领导，我的承受能力肯定比她强。公司和客户怎么也会给我点面子。再说了，我不帮她处理问题，显得我多冷漠无情，又怎能称得上是好领导呢？"

显然，常女士的沟通困境是怎样和犯错的下属谈话。通过常女士的分享，我们可以看出其心理态度是"我好，你不好"。她认为自己的承受能力比下属强，下属承受不了错误的后果。但她的"我好"是有条件的，即只有帮助下属解决问题，保护下属，有情有义地对待下属才是好的。在此心理态度下，她回避与下属谈话，选择自己出面解决一切问题。这导致她承担过多，常陷入疲于为下属善后的困境。可是，下属不但不能从错误中成长，还容易形成依赖心理。此类事情多了，常女士突然变得愤怒，但她仍没有选择与下属正面沟通，而选择和人力资源沟通，直接辞退了该下属。下属在接到辞退通知时，也异常愤怒，指责常总监以前的好都是伪装的。

如何调整？请参考上述两节——训练有效思维，选择有效行为。

五、终生成长观

在成长过程中，我们不断收集各种证据，证明"我好"或"我不好"。久而久之，我们早已忘记了证据是否真实、可靠，只记住了未加检视的结果。然后，本能地采取相对固定的心理态度看待自己、他人和世界。尽管"我不好"或"你不好"的态度会带来不理想的结果，进而重复挫伤、挫败我们，我们仍无法改变。这是因为头脑的空间已更多地被不好的记忆占据，好的记忆少得可怜，被挤压在角落里，很难被唤醒。所以，即便我们知道要用好的态度去沟通，也会因"我好"的素材太少或太久没使用而无法调用。

可喜的是，科学研究证明了大脑是可塑的。

一方面，我们可以刻意搜索好的素材，并不停地将其储存在记忆中。我们的大脑就会慢慢地被好的素材充盈。另一方面，对于已储存的不好的素材，我们可以通过面对和分析去修正，将过往形成的偏见、刻板印象、孩童般的幻想、文化制约的偏狭等一并修正。不好的素材或其中的一部分素材是可以被转化为好的素材的。

由此，好变得越来越多，不好变得越来越少。记忆结构得以改变，大脑得以重塑，我们的心理态度也就自然地转变了。

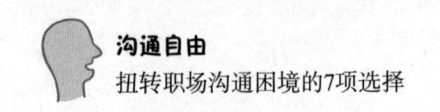

成长专题 1　开启积极视角——有效思维能力训练

"我好，你好"的态度是有效思维的本质，是避免沟通陷入负性循环的最佳路径。如何做到"我好，你好"？尤其是在负性事件中。

斯蒂夫·卡普曼（Stephen Karpman）认为在任何负性事件中都有10%的积极因素，并将此称为"10%溶液规则"。[①]如严厉的经理，虽然管理风格让下属极其不舒服，但其初衷仍是希望下属取得进步，变得更好。我们认为，找到这积极的10%，即找到了有效思维的切入点。

如何找？在总结了大量培训与咨询经验之后，我们绘制了"我好，你好"思维训练圆环（见图1.2）。该圆环提供的思维线索可帮助我们发现10%的积极因素。

日常沟通常提及"对事不对人""对人不对事"，但人们常将二者混为一谈。因此，思维训练圆环最内环便将人和事分开。从存在层面看，人都是好的。基于此，思维训练圆环提供了最坚实的保障——一定可以找到10%的积极因素。

有底色的圆环是我们惯常看问题的关注点。即现在大概发生了什么事（概况），结果是怎么样的。在这件事中，当事人有怎样的行为，体现了怎样的才能。面对负性事件，如果过度聚焦于该圆环主题，我们便很难发现其中的积极因素。因此，我们需要同时向内看、向外看。

[①]　[美]斯蒂夫·卡普曼：《人间无游戏》田宝，张思雪，田盈雪译，世界图书出版公司　2017年版。

第1章 选择沟通态度

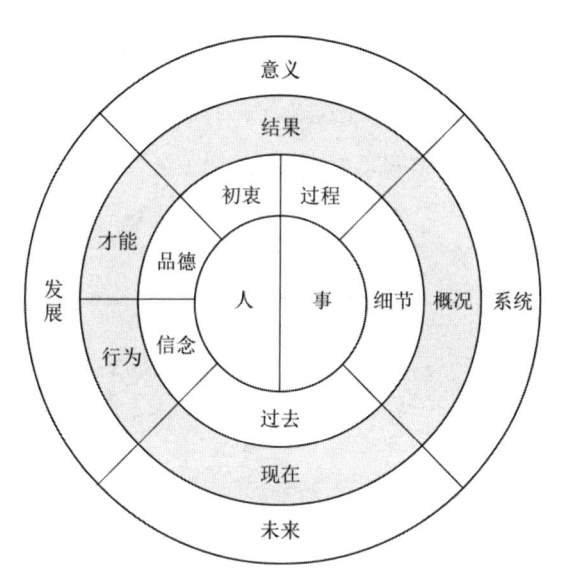

图1.2　"我好，你好"思维训练圆环

向内看，是将事掰开揉碎了分析，经由外显特点探索人的内隐特质。

事的维度。看**过程**，不好的结果是怎样一步步发展的？过程中是否有值得肯定的部分？看**细节**，在大致的事情轮廓下还有哪些细节？这些细节中是否有值得肯定的地方？看**过去**，事情是否有历史可参照与对比？事情的背景资料是否有提示？

人的维度。看**初衷**，尽管结果不尽如人意，但初衷是否是好的？看**品德**，尽管事情中体现出来的才能有所欠缺，但人的品德是否是好的？看**信念**，尽管其行为有错，但其行为背后的信念是否是合理的？看**过去**，尽管这件事情搞砸了，但过去做事情如何，有无贡献，是否值得信赖？

向外看，是将事放在更大的系统中，以未来的视角探索意义，看到人的发展性以及未来的可能性。

事的维度。看**意义**，事情的结果不好，是失败的，但这个不好的结果

029

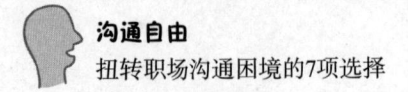

有何正面价值？是验证了又一种错误的方法，还是提醒了我们需要规避些什么？看**系统**，从个人到部门、组织再到行业甚至社会，这件事的正面作用是什么？看**未来**，为了期待的结果，我们还能做点什么？

人的维度。看**意义**，此事对个人发展、成长的意义是什么？看**发展**，人的行为是可以改变的，才能是可以提升的；看**未来**，人可以选择从挫败中成长，发掘潜能，做出新的贡献。

现在，请借助"我好，你好"思维训练圆环，启动你的有效思维吧。

第2章

选择沟通状态

沟通自由
扭转职场沟通困境的7项选择

引：

我这人就这样！

"你怎么这样啊！"

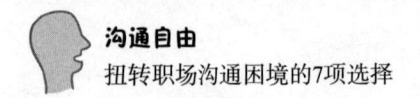

"我这人就这样！"

人们常说"我这人就这样"，却鲜少细思其深意。首先，"我这人就这样"彰显了自己的特征，如"我是正直的，所以不屑说那些虚伪的漂亮话"。其次，"我这人就这样"暗含了"你只能适应我"的要求，因为"我就这样"，所以"我不会改变，你要适应我，就只能自己改"。有时，为了强调这种态度，人们还会加上一些修饰，如"这么多年了，你还不了解我吗"。这正是"我这人就这样"容易激起他人不满的原因。再次，在某些情境下，"我这人就这样"还表达了"我没办法""我没选择""我只能这样"的无奈与限制。如"我也知道这样不好，可是我这人就这样"等。无论我们想通过这句话表达什么，它都限制了我们的选择，阻断了我们"可以不这样"的可能。

第2章 选择沟通状态

但是,"这样"究竟是哪样?我们真的"只能这样"吗?

我们将"这样"理解为人们在沟通中呈现出的状态,包括具体的言行以及言行所传递的想法、感受等,并称为沟通状态。在培训中,我们常分享下面这个案例,以帮助大家理解沟通状态,即"这样"究竟是哪样以及不同人各有不同样。

赵先生是一位新入职的中层管理者。当他第一天上班时,下属在工作群里补充了刚讨论的项目资料。赵先生本想发个感谢的表情包,却不小心发了一张不恰当的图片。等他发现的时候,刚好还可以撤回,于是赶紧撤回了。

如果赵先生是你的领导或同事,你怎么看待这件事?会有什么反应?可能会做点什么?(你可以先暂停下面的阅读,想想自己的答案。)

A:"这领导不行,一点都不职业化。上班第一天就这样,以后指不定怎么样呢。"

B:"我特别好奇他发的是什么。我都没看见,我可能会找同事八卦下,看看究竟是啥图片还需要撤回。"

C:"我觉得他应该挺尴尬的吧。但直接安慰好像也不合适,我可能会在群里说点别的,让这件事赶紧过去。"

D:"这老板估计没有看起来那么严肃,我以后日子能好过点儿。"

E:"没什么吧,表情包而已。人之常情,谁还没个手抖的时候。"

F:"这个问题回答起来没那么简单。我认为得看他具体发的是什么,是一家什么样的公司,一个什么样的团队,这些细节都不清楚,轻易做判断就太武断了。"

通过简短的回答,我们即可感受上述六位同事的沟通状态是不同的。

沟通自由
扭转职场沟通困境的7项选择

A很严苛，像儿时总批评我们的家长一样。他依据自己的职业化标准来评判行为，甚至预测他人的将来。我们甚至可以想象A在说话时可能会皱眉、摇头，脸上满是轻蔑、不满。B好奇得像个孩子一样。他不关心当事人的感受，只关注发生了什么事。我们能感受到他的兴奋和按捺不住的冲动。C像个温暖的长姐一样，完全站在赵先生的立场考虑问题，并有保护赵先生的行为倾向。D像个会察言观色的孩子一样，依托大人的行为，揣测自己的命运。E相对理性，表达观点，但无情感表述。F跳出问题本身，表现出缜密的思维和一定的挑战性。

我们真的"只能这样"吗？当然不是。

上述案例是在同一情境中不同人呈现的不同状态。下面这个案例则呈现了在不同情境中同一个人的沟通状态也可以是变化的。

钱先生是位颇有威望的总监。

他正在给下属布置工作："这个项目虽然不大，但我想让你们看到它的战略意义。如果看不懂，那就听我的，一如既往地全力以赴。其中有三个关键点，我必须和你们说明白。该开电脑开电脑，该拿笔拿笔，都记下来。"

布置完工作，想到今天要加班，钱先生关上办公室的门，拨通了电话："宝贝，爸爸今晚要加班，来不及回去给你讲故事了，你乖乖听妈妈话，要早点睡哦。我一定给你买最炫的换装娃娃。"

在下属和女儿面前的钱先生判若两人，一面是理性、强势、雷厉风行；另一面是感性、温和、柔软。一个人的沟通状态可以如此迥异、如此和谐，甚至极为恰当。可见，我们"可以这样"，也"可以那样"。所以，我们的沟通状态是丰富的，且能够随着沟通情境与沟通对象的变化而变化。

第2章 选择沟通状态

相同情境中的不同人、不同情境中的同一人的沟通状态都是不同的。但我们如何描述这种状态？我们观察到如此多的细节，言语、行为、表情、微表情、语音、语调、不经意的动作等，我们如何整理它们？信息过多导致无从选择，择其一二又难免偏失。那么，有没有一个线索或一个归类的标准能将它们整理为几类沟通状态？而且这种状态是可知、可见、可感知、可预测的。当我们观察、收集到一些信息时，我们不仅清晰地知道其归于何种状态，甚至在头脑中能浮现出这种状态的具体形象。我们期待且需要这样的沟通状态理论——深邃又易观测，丰富又归类清晰。

识别自己的沟通状态，知晓还有哪些状态资源可用，我们才有选择。观察、判断他人的沟通状态，理解不同状态的差异和期待，我们才知道如何选择、选择什么。

第一节 自我状态理论

沟通分析心理学中的自我状态（Ego-state）理论，可有效解释上述沟通状态。自我状态是可观察的人格理论，是指一整套相关的行为、想法和感受，是我们在某一段时间中表现出自己部分人格的方式。[1]

该理论指出我们有三种不同的自我状态：父母（Parent）自我状态，简称P、成人（Adult）自我状态，简称A和儿童（Child）自我状态，简称C。自我状态理论也简称为PAC理论，通常我们用下图的形式呈现它们（见图2.1）。

---

[1] ［英］艾恩·史都华，［美］凡恩·琼斯：《人际沟通分析练习法》易之新译，张老师文化事业股份有限公司 1999年版。

P
A
C

图2.1　自我状态结构图

该理论基于三个不可否认的基本事实。

其一，我们都曾是小孩子。所以，我们的记忆中储存了大量儿童时期的沟通经历，这构成了我们的儿童自我状态。

其二，我们能够长大，生命里都有父母或替代父母功能的重要他人。所以，我们又潜移默化地学习、模仿甚至复制他们的沟通方式，这形成了我们的父母自我状态。

其三，我们都有适当应对现实的潜能。很小的孩子都知道和谁可以耍赖、在谁面前必须乖巧。面对不同养育者或不同情境，每个孩子都知道如何应对才是最"划算"、最"安全"的。这种基于当下的分析、思考，选择回应方式的潜能，能帮助个体更好地应对现实，这就是成人自我状态。因此，不能将成人自我状态理解为年龄上的成年人，而应理解为上述解决问题的方式。所以，儿童也有成人自我状态。

理论上，我们每个人都同时拥有上述三种自我状态，只是呈现各种状态的比例不同。如有人呈现父母自我状态更多，有人呈现儿童自我状态更多。事实上，也存在自我状态缺失的现象，其通常会给个体的生活造成困扰。

一、三种自我状态

儿童自我状态

在成长过程中，不同阶段的思维、情感与行为被保留在我们的记忆中。当我们仍然用儿童模式应对当下问题时，我们就处于儿童自我状态。这种状态也常被形容为"像个孩子一样"，多体现出一个人欲望、情感和非理性等方面的人格特质。在工作、生活中，我们会在某个时刻，突然觉察到："刚才那一瞬间，好像5岁、15岁的我，好像初入职场的那个我。"这就是我们的儿童自我状态。

在工作群发错图的案例中，好奇的B和担忧的D都更像处于儿童自我状态。B漠视工作情境中的自我角色，即这件事对我和团队会有什么影响，我可以或应该做点什么。他单纯从自己的好奇心出发，如果真的四处打探细节，显然不符合职业形象。D则将自己的日子是否好过寄托在老板身上，像个无助的孩子。

父母自我状态

我们之所以能够长大，一定是因为有人承担着照顾者、养育者、指导者等角色。他们多指父母，也泛指一切替代具有父母功能的人，如哥哥、姐姐、老师、学长，职场中的主管、领导、前辈甚至影视剧及现实中的名人、明星等。他们照顾、关怀我们，告诉我们他们理解的生存法则，教我们他们掌握的生存技能。我们内化了他们的思想、情感和行为，不自觉地模仿他们，潜移默化地用雷同的方式应对当下问题。此时，我们就处于父母自我状态。这种状态多体现出一个人的控制感、责任感、道德观念和对规则的认同等人格特质。

尽管很多人在意识层面并不想成为父母那样的人，不想像他们那样活着或发誓绝不用他们对待自己的方式养育孩子。但等我们到了父母的年纪或面对类似境遇时，我们脱口而出的竟是那些熟悉的言语，表情、动作亦如出一辙。这一切，正如歌中所唱"长大后我就成了你"；这一刻，我们几乎原班照抄了父母的状态，从未思考它们是否适用于当下，而是拿来就用。

在案例中，严苛的A和温暖的C都更像处于父母自我状态。A的言语中是标准和规则：应该怎么做才算职业化，第一天上班应该如何表现等。隐藏信息是他在教我们怎么做才是恰当的。C的言语充满关切，考虑到领导会尴尬，努力想为其解围，大有将该责任揽于自身的倾向。

成人自我状态

当我们能够针对此时此地的实际情况，反应出一系列适时的思维、情感和行为，我们则处于成人自我状态。该状态多体现出一个人的理性、判断、计划和推理等人格特质。

无论多大年纪，我们都有察言观色、审时度势地应对现实的能力，婴儿和儿童亦然。当小孩哭泣时会偷偷观察大人，在父母和祖辈面前表现不同，在学校和家里判若两人。这都是他们的成人自我，通过观察环境和大人的态度，选择他们能想到的更恰当的方式应对问题。当然，"恰当"的标准是更有利于实现自己的现实目标或心理目标。

在案例中，E处于成人自我状态，他的回答虽然简单，却是基于微信聊天和表情包的使用现状的。同时，他就事论事，没有单凭一个偶然行为就对他人做出评判。F看起来也处于成人自我状态，他基于思考提出很多问题，但F也可能处于儿童自我状态，用提问的方式驳回问题，而非真正回答问题。

绝大部分人同时具备上述三种自我状态，且每种自我状态中的资源是丰富的。如在父母自我状态中，不仅存有父亲、母亲、老师等很多重要角色的状态，还包括同一角色面对不同情境的不同状态。这些状态可能是和谐的，也可能是冲突的；可能仍适用于当下，也可能已不再适用。

与自我状态相关的沟通困境有三类。其一，缺失某种自我状态，导致可供选择的资源匮乏，这常表现为不能因人而变、随境而变的僵化。其二，自我状态的转换不够灵活、恰当，导致选择失误或错误。如当一个人选择父母自我状态比较恰当时，却选择了儿童自我状态。其三，自我状态间冲突严重，导致选择的不稳定、不自主，这表现为一会儿这样，一会儿那样。

因此，我们终其一生都需要持续完善、整合自我状态。

二、五种自我功能

丰富的自我状态资源扩容了我们的选项，但选择的标准是什么呢？我为什么要选择父母自我状态，而不是儿童自我状态。在什么情境下，我要选择成人自我状态，而不是其他两个状态？这些都与自我状态的功能有关，即不同自我状态在沟通中发挥的作用是不同的。

"父亲是岸，母亲是河"的比喻形象地描绘了父母的两种功能，父亲提供边界与保护，母亲提供抱持与滋养。因此，父母自我状态按功能可分为控制型父母自我（Controlling Parent，CP）与养育型父母自我（Nurturing Parent，NP）。有必要说明的是，上述比喻与自我状态的划分，均指功能不同，而非性别差异。儿童带着生命的原始能量来到这个世界，又不得不与他人建立关系。因此，儿童自我状态有两种主要功能——表达自我与回应他人。于是，儿童自我状态按功能被分为自然型儿童自我

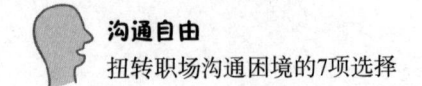

（Natural Child，NC）[①]与适应型儿童自我（Adapted Child，AC）。成人自我状态不再细分。三种自我状态共体现五种功能（见图2.2），我们常简称它们为控制型父母、养育型父母、成人自我、自然型儿童和适应型儿童。

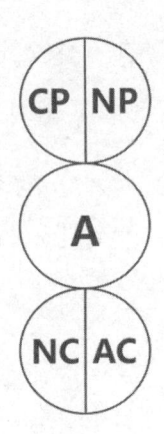

图2.2　自我状态功能图

控制型父母，多承担教导、教育功能。他们提供价值感、使命感、规则、标准、边界、底线、框架等，从而规避、控制成长风险。

养育型父母，多承担关爱、呵护功能。他们提供保护、抚慰、支持、帮助、关怀等，从而孕育、滋养成长力量。

自然型儿童，多承担自我表达功能。他们保留着婴幼儿般的天性和自由，呈现着生而为人最自然的本能、欲望、情感和行为模式。

适应型儿童，多承担回应他人的功能，而且他们的回应是以他人的期待、要求等为参考标准，呈现出个体在关系中的顺从、平衡、对抗与冲突等适应模式。有必要说明的是，适应型儿童中的"适应"不单指顺从，也指叛逆，这都是对他人的反应——听你的、绝对不听你的。

---

① 部分沟通分析心理学著作中亦描述为自由型儿童自我（Free Child，FC）。

成人自我，承担分析、思考、判断、选择与决定功能。该状态以当下为标准，既不受经历的限制，也不受权威人士的影响，能够保持独立思考，以最恰当、最有效的方式解决问题。

因为我们期待通过沟通发挥不同作用，所以会选择不同的沟通状态。如当我们指导、威吓他人时，多处于控制型父母状态；当我们向他人表达关怀、支持时，多处于养育型父母状态；当我们迫切想要分享自己时，多处于自然型儿童状态。尽管这些选择往往是无意识的，但这为我们做出有意识的选择提供了依据和参考。

三、十类沟通形象

有时候，我们觉得自己的沟通没问题（选对了自我状态），但为什么沟通效果不好，甚至令人感到不舒服呢？

领导看到下属犯错，其沟通初衷都是为了避免下属再次犯错，从而降低犯错率及影响程度。我们知道控制型父母可以实现上述沟通功能，但不同领导的表达往往相去甚远。

童助理安排会议出现失误。

颜总："这么低级的错误，实习生都干不出来！你第一天当助理啊！"

郭总："童助理，这种错误虽小，但影响大。这种关键细节，你要在开始和过程中各确认一次，执行前两天必须再确认一遍……助理这工作就是琐碎，仔细点，好好干。"

同样都是为了避免错误再次发生，颜总和郭总均处于控制型父母状态，但显然，两位领导带给下属的感受不同。如果让我们通过文字给两位领导勾勒大致形象，颜总的形象更严厉、专横，甚至略显暴躁；郭总的形象则更坚定、有力，并且充满鼓励。

结合沟通态度，我们便很容易理解上述现象。两位领导都处于控制型父母状态，但颜总的态度是"你不好"——你连实习生都不如；而郭总的态度是"你好"——相信你能通过努力胜任助理工作。沟通态度的区别通过言行甚至非言语信息的呈现，构成了不同的沟通形象。持有"我好，你好"的态度者，其沟通形象通常是正面的，给人的感受也更舒服，使人易于接受；持有"我好，你不好"的态度者，其沟通形象容易趋向负面，即便对方认同其表达的内容，也往往会因感受差而难以接受。

因此，在具体沟通中，每种自我功能都有可能呈现正面和负面两种沟通形象，共计十类（见表2.1）。

表 2.1　自我状态、自我功能与沟通形象

自我状态	自我功能	沟通形象	
		正面	负面
父母自我	控制型父母	权威、坚定、鼓励	专横、挑剔、惩罚
	养育型父母	接纳、理解、同情	过度纵容、窒息、无边界
成人自我	成人自我	理性、评估、探寻	冷漠、无趣、隔离
儿童自我	自然型儿童	创造力、活力、舒展	以自我为中心、鲁莽、自私
	适应型儿童	友好、配合、体贴	过度服从、焦虑、叛逆

使用沟通状态，要以"我好，你好"的态度为基础。此外，适度与过度也是选择的衡量标准之一。以成人自我为例，客观、理性地面对、分析、解决问题是恰当的。但如果永远都是公事公办，也会让人感觉冷漠、无趣。如下属因突发情况口头请假，上司仍要求其按照流程申请；再如窗口服务人员只回复业务领域问题，对办事者的寒暄或非业务需求一概置之不理等。

至此，关于"我就这样"或"他就那样"的问题，我们至少有了十类沟通形象。在形象类别中具体细分，即可大致回答"这样"究竟是哪样的问题。

第二节　识别自我状态

还记得上述微信群发错图的案例吗？你的反应是怎样的？通过上述的理论介绍，你能识别、判断出自己的反应处于什么状态吗？识别自我状态有很多方法，以下仅介绍三种更适用于职场沟通的方法。

一、察言观色法

顾名思义，通过观察一个人的语言、语气、语调、表情、行为和姿态等信息，觉察和判断其处于哪种自我状态。

控制型父母

在沟通中，他们常说"你应该""你必须""我警告你""你给我听着""我奉劝你""我告诉你多少次了""你怎么这样不听话""你有什么了不起的""我看谁敢""我敢肯定"等。他们的非言语信息通常表现为横眉立目、指指点点、摇头、不耐烦、蔑视、怒目而视、手叉腰、握拳、抱臂、怒拍桌子等。

养育型父母

他们常说"我来帮你""听话""看你累得""多让人心疼""你快休息一会儿吧""在外面一定要保重身体"等。上述言行呈现出善解人意、

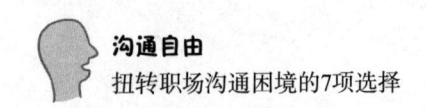

体贴关怀、谅解包容、为别人着想等特征。他们的非言语信息通常表现为表情温和、慈祥善良、关爱有加、体贴耐心、细心周到、和蔼可亲等。

自然型儿童

他们喜欢说"我真希望……""我就喜欢这样，怎么了""但愿我能……""真讨厌""我才不管呢""反正我不……""为什么他……我却……""要是……就好了""太棒了""好漂亮啊""太好玩儿了"等。他们的非言语信息通常表现为可爱、表情多样、心情阴阳不定、委屈、噘起小嘴、掉眼泪、任性、歪着脖子、坐立不安、自由散漫等。

适应型儿童

他们的语言通常表现为顺从或叛逆。前者如"是的""好的""没问题""我知道了"等；后者有"真烦人""我不干""我为什么……""我就要""我偏不""凭什么啊"等。他们的非言语信息通常表现为懂事、听话、服从、随和、害羞、乖巧、哭闹、顶撞、反抗、挑衅等。

成人自我

他们的常用句式有"根据……""建议你……""能否允许我再考虑一下""我们想办法""我认为……""为什么""我的观点是""让我想一想""客观地讲……"等。他们的非言语信息通常表现为平视对方、表情自然专注、语气平和、有耐心、不卑不亢、没有偏见、自己毫不畏惧也不会让对方有威胁感等。

二、互动交流法

通过在沟通中的交流互动，觉察自己被唤起的自我状态，反推对方可能处于的自我状态，即互动交流法。

在工作中，我们常会经历如下情境。

- 我们更喜欢和谁一起工作，但只要和某人一起工作就感觉紧张、焦虑。
- 身边总有那么几个人让我们觉得他们特别像自己以前认识的人。
- 其实我是个蛮理性的人，但只要和某人在一起，我总会表现得像个小朋友或总会忍不住想照顾他。
- 刚才很奇怪，他怎么突然就发火了？

上述情境，请试着问自己两个问题：

"在互动中，我的表现足够职业化吗？如果不够，那么我像大人还是像孩子？"

"在这个关系中，我扮演的是什么角色？如果是父母，是谁；如果是孩子，是多大的自己？"

这两个问题从言行和关系维度提供了觉察自己或他人所处沟通状态的线索。我们可参考人际沟通模式（详见第三章）反推另一方的沟通状态。如果我感觉自己是成人自我状态，对方很可能也是成人自我状态；如果我感觉自己是自然型儿童状态，对方很可能是正面养育型父母状态，在对方的关怀、温暖中，我表现出更自在、舒展的状态；如果对方突然发火，很可能是负面控制型父母或负面自然型儿童状态，反推，我很可能表现得更像负面控制型父母，因为我的指责和批评引起对方反感，所以对方同样用指责的态度回应我或索性退回到不管不顾的儿童状态。

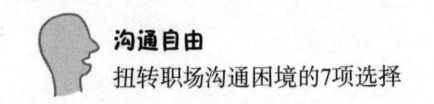

三、情境追溯法

在职场中，我们大部分时间处于成人自我状态。但在压力和冲突情境下，我们通常会进入父母自我状态或儿童自我状态。借助以下三个问题，追溯特殊情境下的自我状态来源，可为我们提供成长契机。

"我应对压力或冲突的方式是谁教会我的，这样应对有效吗？"该问题用于识别我们的父母自我状态，并检视该状态在当下是否适用。

"我这样做，对他人的反应有何期待，实际情况如何，如我所愿了吗？"该问题通过觉察内心的期待，识别我们所处的自我状态，并通过评估期待与现实反应的差距，检验该沟通状态是否有效。

"除了常用的方式，我还能想到更恰当、有效的方法吗？"该问题有助于启动我们的成人自我状态，面对当下，更有效地解决问题。

上述三种方法用于提供线索，但它们不是确凿证据。察言观色法依据外显信息，对习惯掩饰情感者较为困难；互动交流法依据个体感受，困囿于个人经历和体验；情境追溯法需要较强的自察、自省能力与较多的精力，职场忙碌，并非人人皆有余力。综合使用上述方法，观察但不武断、觉察但不过度、试探但不莽撞、艰难但不放弃。假以时日，我们在沟通中定能知己知彼，灵活自由。

第三节 "职场成年人"是哪样的

职场需要成年人已成为一个主流观点。奈飞宣称：只招成年人，只雇佣、奖励和容忍完全成熟的成年人。①不仅职场，米歇尔·奥巴马认为白宫也需要一个"成年人"。②但何谓成年人，成年人是哪样？人们口中的成年人与上述成人自我的概念可以等同吗？谁也没有给出清晰明确的答案。

优秀的职场人应该是多面的成为另一个主流观点。员工需要一专多能，领导应该集梦想家、实干家、批评家于一体。因为梦想家产生新想法、制定新目标；实干家将想法变为现实；批评家过滤风险、优化流程，使创意更完善。③这里的多重角色、多种能力与成人自我的功能又有何联系？

整合上述观点，以自我状态理论为基础，我们提出"成年人模型"。该模型突破沟通分析心理学中的自我状态功能图，将五种自我状态功能的排列调整为冰山图式，因此，我们也称为"PAC冰山模型"（见图2.3）。

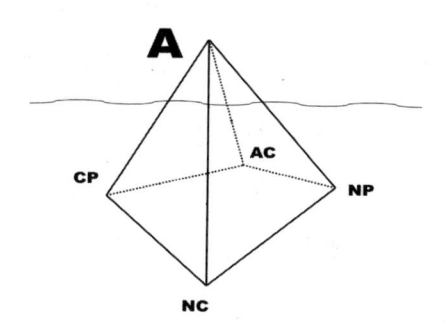

图2.3 成年人模型（PAC冰山模型）

---

① ［美］帕蒂·麦考德：《奈飞文化手册》，范珂译，浙江教育出版社 2018年版。
② 摘自互联网
③ ［美］罗伯特·迪尔茨：《归属感》，庞洋译，北京联合出版公司 2019年版。

沟通自由
扭转职场沟通困境的7项选择

职场人大部分时间处于成人自我状态（A），因此将其置于水平面之上，意为被更多使用的、可观察的、显而易见的状态。但这并不意味职场人的其他自我状态就不存在或毫无价值。相反，控制型父母（CP）、养育型父母（NP）、自然型儿童（NC）和适应型儿童（AC）才是个体更为庞大的自我主体。它们各有优势，是个体独特的、充满能量的、丰富的资源。将它们蕴藏于水平面之下，旨在表明，在职场沟通中，它们被使用的机会较少，但当我们经过成人自我的分析与评估，判断它们是更为恰当的沟通状态时，我们即可选择启用它们。

该模型旨在强调以下三点。

1. 成人自我状态是职场人的最显著特征，因此其始终立于水面之上。身在职场就是不断面对与解决问题，成人自我的客观、理性是有效解决问题的保障。

2. 每位职场人都有水平面下的其他四种自我功能，这为职场人更灵活、高效的沟通提供了选择和实现的可能。职场终究是人际关系场，人的问题不能只是公事公办，对人的关怀、分享与指导是能力，更是需要。更何况，除了职场事务，我们还需面对不同的人。如果一个理性、审慎的职场成功人士，总用同样的状态面对家人，情感关系难免疏离甚至出问题。

3. 其他自我功能只有在成人自我的监督下才能发挥最大效能，否则很可能导致沟通失败。以梦想家、实干家、批评家于一体的领导为例，理想的状态是成人自我根据需要选择恰当的自我功能，并适度监督。当需要创意时调用自然型儿童，发挥其梦想家的创造性；当制定方案时调用控制型父母，增强风险意识，建立框架与规则，起到批评家的功能；当具体执行时调用适应型儿童，发挥其"实干家"的顺从、配合特质。但如果没有成人自我的选择与监督，我们很可能在需要梦想家提供创意时，批评家登场，将刚萌芽的创意批得体无完肤；在需要实干家坚定不移执行时，梦想家跳出来天马行空。

成年人模型为沟通自由设定了限制前提，提供了多重选项。基于此，我们尝试定义沟通语境下的职场成年人，其能够对此时此地进行客观分析、评估与判断，灵活选择相匹配的自我状态，并反应出一系列恰当的行为、想法和感受，能够始终牢记沟通目标，达成有效沟通。

成年人模型尝试描述了职场需要怎样的成年人，为我们理解成年人各不相同提供了理论框架。以下三方面的差异，将更具体地帮助我们理解"为何都是成年人，但要求千差万别"。

组织类型偏好

创新型、创意型以及新兴行业组织更偏爱多处于自然型儿童状态的职员，因为他们视天马行空的创意为宝贵资源，并由此创造财富。生产、加工类组织更喜欢多处于适应型儿童状态的职员，因为他们期待员工服从、配合，从而有条不紊地完成任务。此类组织中的管理者往往以控制型父母居多，他们倾向以坚定、权威的形象展开沟通，目的是维持生产秩序，便于管理。当然，他们也可能表现为负面控制型父母，如挑剔、专横等。而公益类组织更欢迎多处于养育型父母状态的职员，因为他们总是充满关怀，带给周围人爱和温暖，对于工作和世界也更有情怀。

岗位类别需求

技术类岗位需要从业者更多处于控制型父母状态，如医生、工程师等。他们在处理具体事务时需要具备一定的控制感，体现出较高的专业度和权威感。人事行政类与服务类为主的岗位要求从业者关注事情本身之外，还需关注到人，要给他人提供关怀、支持等。因此，此类岗位需要从业

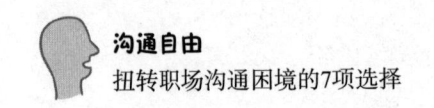

者既能以控制型父母状态按章办事，又能以养育型父母状态提供关怀，如人力资源、行政、护士、幼教、心理咨询师等。策划、创意类岗位需要从业者多呈现自然型儿童状态。而财务类岗位以规则、制度甚至法律为工作依据，需要从业者更多处于适应型儿童状态，听话、守规矩、坚守底线。

沟通情境需要

控制型父母适用于布置紧急任务，明确规章制度等。他们的坚定、果决更利于应对突发事件，扭转危局。养育型父母适用于鼓励士气、提升凝聚力。头脑风暴会多见自然型儿童。以成人自我状态居多的领导，在放松、娱乐性质的团队活动中也可以释放自然型儿童，展现更为立体的自己。习惯服从命令听指挥的多处于适应型儿童状态的下属，偶见领导的脆弱面或特殊情境，以控制型父母状态给予指导或以养育型父母状态表达关爱，都是恰当的。

第四节　选择恰当的自我状态

苏格拉底说："未经审视的人生不值得一过。"我们发现：未经监督的沟通常易导致失败。

周小姐是创作公司的策划，主要工作是替客户写剧本。公司某大客户定制的剧本方案已经被否了多次，周小姐、吴总监和部门的压力都很大。有一天，周小姐有了灵感，想到一条绝妙的故事脉络，于是兴冲冲地跑进吴总监办公室。

周小姐："老大，我有一个特别好的思路，这次绝对会让我们的剧本

第2章 选择沟通状态

一稿就过……"

周小姐兴奋地大谈特谈她的想法。吴总监则皱着眉，一句话都不说，时不时还在桌子上敲着笔，看起来有些不耐烦，甚至有点烦躁。周小姐的兴奋劲儿一下子没有了，心里特别不高兴。

于是，她对总监说："老大，我这天天通宵达旦、苦思冥想的，没有功劳也有苦劳吧。要不是老板下命令，再搞不定这个客户，咱们部门都得担责任，我犯得着这么辛苦吗？您这一直皱着眉，什么意思嘛！"

吴总监听周小姐这么一说，才回过神说："不是不是，我刚才在想别的事情，没仔细听。你再说一遍。"

周小姐一听这话就火了："这么重要的客户，我和您汇报，您竟没听。您是总监，客户丢了，您责任最大，我一个小策划瞎操什么心啊。"

在上述案例中，周小姐使用了四种自我状态，自然型儿童状态、负面适应型儿童状态、负面养育型父母状态、负面控制型父母状态。但该四种自我状态都是本能反应，未经成人自我的分析、评估与判断。参照成年人模型，我们具体分析如何通过选择恰当的自我状态有效推进沟通。

一、发起沟通的准备

在任何正式沟通开始前，我们可以以成人自我进行思考、评估，而后选择恰当的自我状态作为开始。

当周小姐想到自认为绝妙的想法时，她本能地处于自然型儿童状态，表现为兴奋、得意、迫不及待地想要分享。其行为背后的心理需求是获得认同与赞美。她期待得到的回应是"你真是太棒了""这个思路太赞了""天才，你怎么想出来的"等，所以，她以本能的自然型儿童状态进

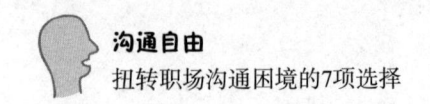

沟通自由
扭转职场沟通困境的7项选择

入汇报，内心带着极大的期待。如果这些期待没有被满足，难免会有失落甚至愤怒，从而导致沟通偏离目标。

如果以成人自我状态分析、评估、预判即将进行的沟通，便可有效避免尚未开始就已失败的困境。

在开始汇报前，周小姐需要启动成人自我，思考一系列问题，如采取什么方式汇报，口头还是书面，正式还是非正式？汇报到什么程度，只汇报思路架构还是汇报执行细节？此次汇报的沟通目标是什么，是证明自己的努力，希望领导采纳方案，还是试探领导的态度？总监现在处于什么状态，什么时间汇报更恰当？总监可能会有什么样的反应，更关注哪些问题，我该如何应对……

当思考完这些问题后，我们便可以选择恰当的自我状态开始沟通。经过成人自我评估后的选择，任何一个自我状态都可能是恰当的。

成人自我状态的开始

周小姐："老大，那个剧本方案，我有个想法。您什么时候有空，我和您说说？"

自然型儿童状态是恰当的

吴总监："诶呀，太好了，愁死我了，你快说。"

周小姐："我这几天苦思冥想，昨晚突然灵光乍现。我跟您说，这次绝对会让我们的剧本一稿就过……"

养育型父母状态是恰当的

吴总监："我现在有点急事要处理，顾不上，回头有空我找你啊。"

周小姐："好的好的。看您这么着急，我能帮上什么忙吗？"

成人自我状态是恰当的

吴总监："这几天孩子考试，后天结束后我们碰一下？"

周小姐："行，您先忙您的。我刚好再完善下思路，争取写个框架出来，到时候您看着更清晰。"

二、有悖预期的反应

对方的反应有悖预期，我们可以以成人自我状态进行询问、澄清，而后选择恰当的自我状态回应。

总监的皱眉、一言不发、拿着笔一直敲桌子等行为，与周小姐的心理预期大相径庭。而在上下级沟通中，上级会不自觉地使用父母状态，下级常处于儿童状态。因此，周小姐本能地反应为负面适应型儿童状态，她体验到失落、委屈，甚至不满。同时，想到自己替部门分忧解难的苦心没有被看见，辛苦付出没有被认可，又转换到负面养育型父母和负面控制型父母状态。这一系列反应，源于周小姐的认知——吴总监的反应说明他不认可我或不认可我的想法。

事实真的如此吗？面对他人有悖预期的反应，以成人自我询问发生了什么，澄清对方真正想要表达的信息是什么。这些信息是选择自我状态的依据。

首先，成人自我可以帮助我们觉察自己的沟通状态是否恰当。我选择的汇报时机、汇报方式是否有问题，刚才的汇报过程是否哪里没说清楚。其次，成人自我帮助我们观察并关注对方的沟通状态。皱眉，可能是正在思考，也可能是表达不满或烦躁，而且这些思考和情绪可能源于公事或私事，也可能与当下有关或无关。再次，成人自我应该基于沟通双方的关系

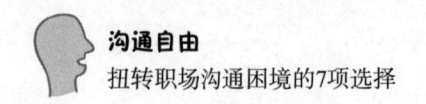

类型与程度，判断能询问、澄清到什么程度，选择何种自我状态做回应才是恰当的。

成人自我状态的询问

周小姐："老大，看您一直皱眉，是我的汇报有什么问题吗？"

成人自我状态是恰当的

吴总监："倒不是有什么问题，只是我在思考，这种题材似乎不好归类？"

周小姐："那您觉得总体构思还可以，只是有些部分会导致归类冲突，是这个意思吗？

吴总监："嗯，是这感觉，比如，你说的……"

即便是上下级的关系，关系类型也可以是多重的，关系程度也有亲疏远近之别。依据此基础，选择不同的自我状态回应才是恰当的。一般的上下级关系，成人自我状态的协商是恰当的；关系较好的上下级关系，养育型父母状态的关心是恰当的；亲密、平等的上下级关系，自然型儿童状态的玩耍是恰当的，控制型父母的引导也是可以的。示范如下。

吴总监："哦，不是不是，是我自己有些事比较闹心。"

周小姐（成人自我状态）："哦哦，那您看我是换个时间再汇报，还是……"

周小姐（养育型父母状态）："什么事啊，让你烦成这样，我能帮你做点什么吗？"

周小姐（自然型儿童状态+控制型父母状态）："不会和那谁又吵架了吧？咱先专心搞事业，行不？"

三、有违意愿的要求

对方的要求有违意愿，我们可以以成人自我进行分析、判断，而后选择恰当的自我状态回应。

当吴总监说"我刚才在想别的事情，没仔细听。你再说一遍"时，我们可以想象周小姐是很恼火的。一方面，周小姐的内心不愿意再说一遍；另一方面，那种急于分享的激情荡然无存。所以，她才会本能地以负面控制型父母状态做出反应——"你是总监，你责任最大"。身在职场，我们都知道理性与客观地面对问题、解决问题是最有效的方式。但此时，周小姐积累了很多消极情绪体验，这些情绪推动她的负面控制型父母状态或负面适应型儿童状态浮到水平面上。周小姐的状态衍变为情绪主导的自我状态模型（见图2.4），面对周总监的要求，她可能反应为以下任何一种或多种组合的回应。示范如下。

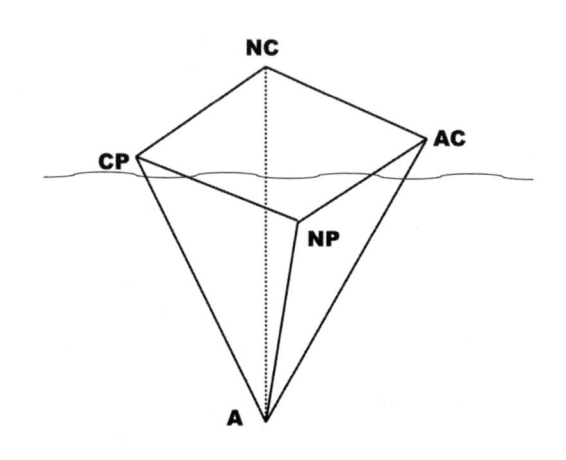

图2.4　情绪主导的自我状态模型

吴总监："我刚才在想别的事情，没听仔细。你再说一遍。"

周小姐（负面自然型儿童状态）："说什么说，我现在一点激情都没有了，不想再说了。"

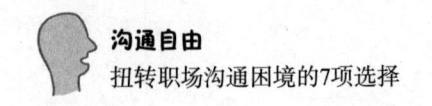

周小姐（正面适应型儿童状态）强压着不舒服的情绪："嗯，那我再简单说一下吧。"

周小姐（负面适应型儿童状态）："你让我说我就说啊，我还偏不说了呢。"

周小姐（负面控制型父母状态）："你这也太不尊重人了。再说了，这么重要的事，你一点都不上心。"

与成年人模型的统一、和谐相比，情绪主导的自我状态模型有着明显的不稳定与冲突的特征。如果任凭这些混乱的本能反应参与沟通，结果多半会越来越糟糕。因此，当对方的要求有违我们的意愿时，我们仍需正视此刻浮现的各种情绪，以成人自我状态分析这些情绪来源于哪个自我状态：如果我用这样的状态回应，可能的结果会是怎样的？这个结果是我想要的吗？这个结果带来的后果我能够并愿意承担吗？

当然，整理自己的内心冲突需要一定的心理能量和时间。在极短时间内平复情绪，回到成人自我状态的确是困难的。正如很多人说的"我也知道应该怎么做，可情绪一上来，根本做不到"。此时，我们可以采取两种方法帮助自己回到成人自我状态。

第一，使用正面成人自我状态，简短表达自己的感受和需要。如"您一皱眉，把我的激情都给吓没了""好的，我重新整理下思路，看看怎么能说得更清楚些"等。这样的表达可以有效安抚情绪，有助于快速让自己恢复到成人自我状态。

第二，寻找合适的理由短暂离开沟通现场，如倒水、取材料、去洗手间等。利用这短短几分钟，采取深呼吸、肢体活动、自我安抚等方式，完成情绪缓冲与状态调整。

值得注意的是，作为职场成年人，为了更高效工作，我们常压抑或隔离情绪。情绪不会就此消失，却累积在身体和记忆中。久而久之，情绪会以更猛烈的方式爆发，破坏关系或伤害身体。因此，在职场沟通中，我们可以对情绪按下暂停键，但事后一定要关注并处理它们。

四、团体沟通的组织

理论上，每个人的沟通状态都是丰富的。在现实中，很多人会说"我没有这个状态"或"我不会使用这个状态"。此类观点的实质是不知道自己有、不愿意或不擅长使用该状态。想改变上述状况，可从三个方面着手。认知方面，修正"没有"的观念，不断强化"我知道我有"的观念；情感方面，找到阻碍的原因，是不能、不想还是做不到，逐一面对它们，从而释放更多的自我；行为方面，如果自己不擅长某种状态，那就向擅长该状态的人学习，观察、模仿他们是怎么做的，在适宜的关系和情境中练习使用该状态。排除病理性的结构性缺失，如没有父母自我状态或儿童自我状态，绝大部分人的自我状态结构是完整的。若再用心完善，我们可选用的自我状态资源必将更丰盈、更富足。因此我们有选择、有希望实现沟通自由。

尽管如此，我们仍需正视个体的优势与局限。个体沟通，因人而变、随境而变，灵活切换自我状态是能力；团体沟通，发挥个体长板状态优势，避免短板状态影响，搭建自我状态最优组合是策略。

在职场中，我们常谈能力与角色的配合。人格组合一直被实践，却鲜少被提到意识层面。人们常说"一个唱红脸，一个唱白脸"，即养育型父母状态和控制型父母状态配合，共同解决问题。这里要注意的是，扮红脸者日常沟通更多表现出关爱、关怀、支持与理解的特质；扮白脸者则相对

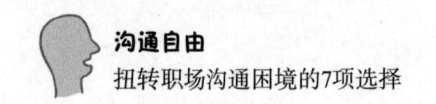

沟通自由
扭转职场沟通困境的7项选择

严厉、挑剔，甚至苛求。我们在沟通中承担的角色，恰好是自己擅长的优势自我，这样的沟通真诚且事半功倍。

郑先生是一家传媒公司的创意总监，一聊起创意，他的想法便天马行空，无边无际。碰巧客户方负责人也是同款，双方都是部门负责人，两位总监信马由缰、高谈阔论几次后，项目仍无实质进展。郑先生意识到问题所在，因此，在新一轮沟通前，他选了两位同事陪自己一起去，并交代如下。

郑先生："A，这次会议你负责掌控进度和节奏，你列好会议议题，把握好时间，适时提醒我们，不要让我们的思维太发散。"

郑先生："B，你这次负责主动谈预算和执行方案，必须探明他们的真实想法。"

很显然，之前双方负责人都处于自然型儿童状态，他们的沟通愉快、顺畅但低效。因此，郑先生借助了A的控制型父母状态和D的成人自我状态，以提升沟通效率。

冯先生毕业于知名商学院，于某商业集团销售部任总经理。他坚信销售的本质是带给客户价值，帮助客户成长。因此，他更擅长分析市场、挖掘客户痛点，致力于为客户提供专业解决方案。同时他也知道，客户的需求远不止专业支持。因此，他有意组建不同人格特质的团队。对于某次客户谈判，他做了如下安排。

冯先生："A，你心细，平常最会照顾人。在会议中留心对方的细节，尽可能满足他们的情感需要，让他们感受到我们的关怀。"

冯先生："B，你主意多，为人灵活。万一出现尴尬局面或僵持局面，一定想办法化解。"

这是一个成人自我状态、养育型父母状态和自然型儿童状态的组合。

冯先生理性且客观，能看清沟通本质，工作效率自然高。但这种公事公办的沟通风格，很容易让双方产生疏离感，感觉无趣。因此，他安排具备养育型父母状态的下属，照顾对方的心理需要，同时安排具备自然型儿童状态的下属，活跃气氛，增强沟通的愉悦体验。

"我不是一个人在沟通！"

我有独特的成长体验，重要他人的言传身教以及无数个当下的觉知，这构成了我的儿童自我、父母自我和成人自我。他们是我这个完整个体不可分割的一部分，犹如钻石切面，越丰富越璀璨；他们是我取之不尽，用之不竭的资源，犹如自然馈赠，越了解越富足；他们予我选择，让自由成为可能。

"我不是一个人在沟通！"

我有同事、领导、团队，每个人都是能量满满的小宇宙。我清楚他们各自的优势，恰好可以补足我的某些短板。我也知晓自己的长板，可以为他人提供怎样的帮助。在团队、公司、行业及更大的社会系统中，我们从来都不是独立存在的。我们相互依存，彼此支持，各自成长，协同共赢。

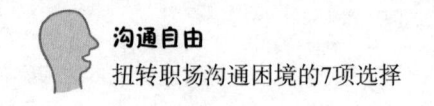

沟通自由
扭转职场沟通困境的7项选择

成长专题 2　倾听内在声音——自我冲突应对练习

冲突存在于个体内部、个体与个体间、个体与群体间以及群体与群体间。基于自我状态理论，我们首先着眼于个体内部，即自我冲突。

自我冲突发生于个体内心世界。比如，面对新机会，想争取但充满担忧，一直犹豫不决，踌躇不前。虽然内心世界始终在争取与退缩间徘徊，但并没有采取任何行为，因此同事或领导看你一如往常。再如，领导不断增加你的工作量，你想拒绝又不敢，每次都默默接受，接受后又觉得特别委屈。领导大概率会赞扬你的担当，再有紧急任务还会想到你，却压根没觉察甚至不会在意你内心的抗拒。这一切，正如PAC冰山模型所展示的——他人眼中的你一如往常（这只是你的冰山一角），只有你自己知道未被看见的部分早已动荡不定。

自我冲突消耗我们的能量，制约我们的行动，长期积累这种冲突会令成人自我失去掌控，陷入情绪主导模式，表现为不稳定与情绪化。自我冲突易升级为人际冲突，导致内忧外患，阻碍个体发展。因此，有效应对自我冲突有助于个体内在和谐与人际和谐。

那么，如何应对自我冲突？

第一步，听见冲突。

偶尔我们会忽视自我冲突的内在声音的存在，任其纷乱如麻。其实大部分时间，我们也想听到这些声音，却往往听不清、听不全。PAC冰山模型为我们提供了线索。依据模型，我们可将混乱的声音归位于相应的自我状态。按图索骥，我们还可询问各个自我状态可能会说什么？它们的思考与感受是怎样的？它们各有什么要求或建议？经过梳理，自我冲突由混乱、模糊、不可见变得井然、清晰、可见。

第二步，评估冲突。

清晰可见的自我冲突是成人自我进行分析、评估的素材。成人自我逐一审查这些声音的现实性、合理性、局限性等，思考潜在的可能性，预估自己对结果的承受性等。下表对评估冲突提供了一些启示（见表2.2）。

表2.2　内在声音的特征与反思

自我功能	特征	反思
控制型父母	我应该／必须	这些要求一定是对的吗
养育型父母	我要照顾你／为了你，所以我	我想给的，是对方需要的吗／我可以优先考虑自己吗
自然型儿童	我想，我喜欢 我不想，我不喜欢	我这样会伤害他人吗／我坚持做自己的代价是什么／我能够或愿意承担这样的结果吗
适应型儿童	你要我怎样，我就怎样 你要我这样，我偏不这样	他们说得一定对吗／这真的是我想要的吗／我还有其他选择吗

第三步，应对冲突。

评估冲突，知晓哪些内在声音是不合理的，哪些内在声音是可修正的，哪些看似对立的内在声音是可以统一的，哪些矛盾的要求或需求是可以被整合的。如此，便能在冲突间找到平衡与应对之法。一个重要的提醒，我们还需思考以往和当下采取的应对方法——它们是否真正解决了问题？是否平添困扰？在此基础上，结合冲突的评估，寻找新的应对方案。

第四步，行动反馈。

以新的应对方案解决冲突，真正行动起来。当你这样做了，记得听听、看看内外两方面的反馈："我的感受好吗，周围人的反馈怎么样，结果如我所待吗？"基于这些反馈，重新审视曾经的自我冲突，并思考：

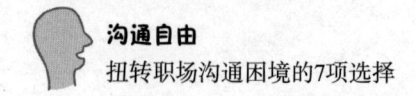

沟通自由
扭转职场沟通困境的7项选择

"再有类似情境我还可以怎么做？"

我无法祝你永无自我冲突，我只希望当你有自我冲突时不再无助。我们有选择，选择听见它们，与它们对话，最终握手言欢。有选择，即你我的自由。

第3章

选择沟通模式

沟通自由
扭转职场沟通困境的7项选择

引：

你说，你要我怎样！

"你不能这样！"

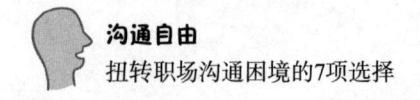

"你说，你要我怎样！"

在沟通中，当对方的回应不符合我们的期待时，我们会失望、难过、甚至愤怒。有时候，我们知道自己期待的回应是什么，却囿于种种原因说不出口；有时候，我们似乎没那么了解自己，因此并不清楚自己想要对方怎么做。这导致了太多的人际沟通冲突。

人际沟通的本质是一方发起沟通邀请并期待回应；另一方接收沟通邀请并做出回应。回应变成新的邀请，伴随着新的期待。如此往复，直至一次沟通结束。

无论是发起沟通，还是回应沟通，沟通者都必然处于某种或某几种自我状态。因此，沟通双方可以建构诸多可能的自我状态组合。这些组合被称为沟通模式。如果一方的回应恰好满足对方的期待，即双方的自我状态是恰当的，沟通很顺畅，该沟通模式是匹配的；如果一方的回应未能满足对方的期待，即双方的自我状态是错位的，沟通不仅低效，甚至无效，双方的感受也会很糟糕，甚至破坏双方关系，该沟通模式是冲突的。

临近下班时间，陈小姐还有几件棘手的客户咨询没落实，内心十分烦躁。她转头看了看隔壁的同事小褚也在忙碌着，丝毫没有要下班的迹象。

陈小姐："烦死了，天天这么多事，就没有一天能按时下班。"

小褚："唉，咱们干的就是这种工作，挣的就是这份钱。没客户咨询，咱们不就失业了吗？"

陈小姐："就你最懂。和你说也白说，烦人。"

总是加班的陈小姐向同事小褚发起沟通邀请，此时，其处于自然型儿童状态。因为小褚和陈小姐身处同样的工作境遇，陈小姐以为小褚能理解自己。因此，当她发出抱怨的邀请时，她期待小褚能以自然型儿童状态和她一起抱怨，或以养育型父母状态安抚、宽慰自己。但小褚以成人自我状态做了回应，这让陈小姐有一种想倾诉却被教育一番的感觉，从而更加心烦，也不想再继续沟通了。

客观分析，小褚能辩证地看问题，回应的内容没有任何错误。但其未能识别陈小姐的沟通状态，没有理解对方的需求与期待，选择了不恰当的自我状态予以回应。小褚建立了冲突的沟通模式，导致了不愉快的沟通结果。

每种沟通状态都各有功能和正负效果。选择使用哪种沟通状态，不能全凭直觉或习惯。识别他人的自我状态，据此选择符合需求的自我状态做回应，仅是有效沟通的开始。

要达成最终的沟通目标，还需要适时地将自己和对方的自我状态带回

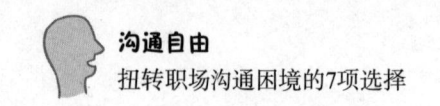

沟通自由
扭转职场沟通困境的7项选择

到成人自我状态，并在成人自我的监督下选择调用其他自我状态。正如上一章成年人模型展示的一样。

主管卫女士刚好听到这段对话，笑盈盈地走过来，拍了拍陈小姐的肩膀。

卫主管："这连着加班快一个月了，都没时间出去玩吧？"

陈小姐："还玩呢，哪有精力。晚上回家好累，只想睡觉。做梦都是客户围着我问这问那。"

卫主管："那你这压力有点大，已经影响睡眠了？"

陈小姐："那倒没有，压力也不算大，就是事情太多，有点烦，不知道什么时候是个头。"

卫主管："扛过这几个月旺季就好了。到时候调个班，休个年假，好好放松放松。"

陈小姐："嗯嗯，这算是有盼头了。先好好解决眼前的工作吧。"

卫主管首先使用养育型父母状态安抚了陈小姐。陈小姐感觉被看见、被理解，也说出了更多的细节。在卫主管的关心下，陈小姐澄清了自己并不是压力大，只是感觉看不到希望。卫主管适时地把握了这个机会，使用成人自我状态客观描述了工作情况，不仅解释了现在忙的原因，还给了陈小姐希望。陈小姐表达了抱怨，平复了情绪，看到了希望，从而接受了当下。最终，她以成人自我状态结束了沟通，重新回归到工作中。

在该过程中，卫主管首先建立了匹配的沟通模式，让陈小姐打开心扉，满足了陈小姐"想抱怨"的心理需要。随后，她以自己的成人自我唤醒对方的成人自我，成功引导陈小姐回归理性，并迅速回归工作，达到了预期的沟通效果。

由此可见，人际沟通有两大难点。一是在沟通之初，如何选择恰当的自我状态，建立匹配的沟通模式，确保沟通顺畅推进；二是在沟通中，如何引导对方以我们期待的自我状态参与沟通，主动引领、创建匹配的沟通模式，促进沟通目标达成。

第一节　三种沟通模式

沟通分析心理学认为人际沟通共有三种沟通模式：互补沟通、交错沟通和隐藏沟通。

一、互补沟通

在沟通中，我期待对方所处的自我状态与对方回应所处的自我状态是相同的，该沟通就是互补的。在一组自我状态结构图中，互补沟通的方向是平行的，互补沟通推动沟通持续、平稳进行，是最常使用的沟通模式。

最常见的互补沟通多发生在两个成人自我状态间。

机场候机大厅。

蒋先生（乘客）："麻烦问一下，有靠窗的座位吗？"

沈小姐（客服）："您稍等，我这就帮您查一下。目前有靠窗座位。"

蒋先生发出询问，他需要客服提供当前的准确信息。客服以成人自我状态予以回应，包括行为层面（查询）和言语层面（礼貌）。沟通基于事实和具体内容展开，是有效且顺畅的。该模式可用下图呈现（见图3.1）。

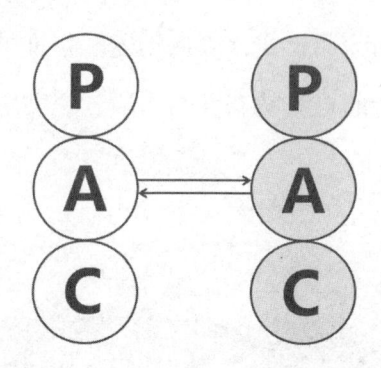

沟通自由
扭转职场沟通困境的7项选择

图3.1 成人自我状态间的互补沟通

上下级之间的互补沟通，多以父母自我状态和儿童自我状态呈现。

早晨，公司前台打卡机旁。

杨经理板着脸，冲着小朱说："你看看都几点了，怎么才来？"

小朱低着头，不敢直视杨经理："对不起，今儿起晚了！"

杨经理以严厉的父母自我状态训斥小朱，表达了自己的不满，传递了上班要准时的规定。小朱以顺从的儿童自我状态道歉，表明了自己已经认识到错误的态度。该模式可用下图呈现（见图3.2）。

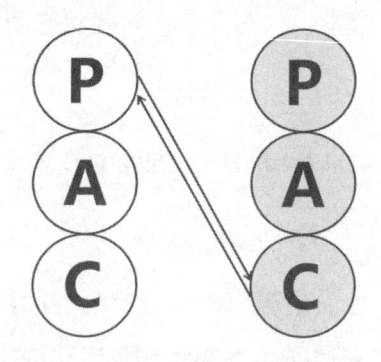

图3.2 父母自我状态与儿童自我状态间的互补沟通

其他互补沟通还包括儿童自我状态与父母自我状态、父母自我状态与父母自我状态，以及儿童自我状态与儿童自我状态等。只要回应者使用的自我状态是沟通发起者期待的，双方即在进行互补沟通。

二、交错沟通

在沟通中，对方回应时所处的自我状态，并不是自己期待的，该沟通就是交错的。在一组自我状态结构图中，交错沟通表现为方向不平行或方向平行但自我状态错位。交错沟通常导致沟通中断，若想继续推进沟通，需有一方或双方同时转换自我状态。

职场沟通最常见的交错沟通是一方以成人自我状态发起沟通，另一方选择父母自我状态或儿童自我状态做出回应。

跨部门会议进行中。

秦总："这次事故的原因比较复杂。今天组织你们三个部门开会，希望你们共同讨论一下细节，看看以后如何避免？"

尤经理："这件事责任明确，该谁承担就谁承担，没什么可讨论的！"

秦总以成人自我状态发起沟通，期待对方能以成人自我状态回应。尤经理却以父母自我状态指向发起者的儿童自我状态（见图3.3）。

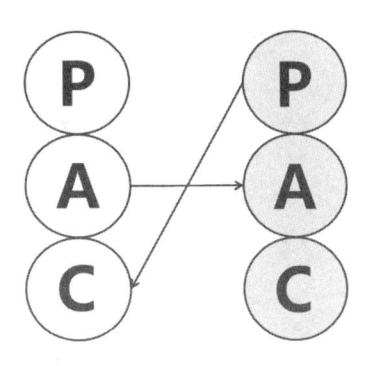

图3.3 成人自我状态与父母自我状态间的交错沟通

儿童自我状态的交错，有两种情况。

许经理:"明天集体加班。"

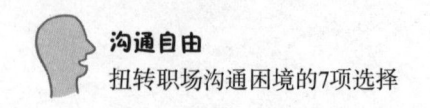

小何:"经理,您就可怜可怜我们单身狗吧,我明天要约会哦。"

许经理以成人自我状态发起沟通,期待对方能以成人自我状态给予回应。小何却以儿童自我状态指向发起者的父母自我状态,期待能得到经理的理解和关爱(见图3.4)。

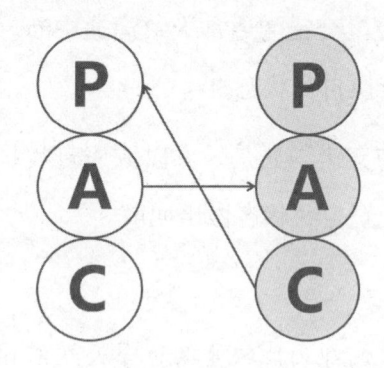

图3.4 成人自我状态与儿童自我状态间的交错沟通Ⅰ

许经理:"明天集体加班。"

小吕:"啊?我们约好了明天露营呢。经理,要不您和我们一起去呗。"

小吕同样交错使用了儿童自我状态,但指向了对方的儿童自我状态,期待许经理能共情自己,并发出了一起玩耍的邀请(见图3.5)。

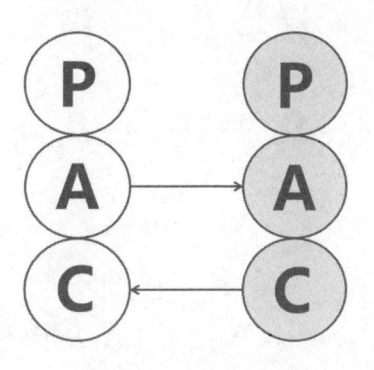

图3.5 成人自我状态与儿童自我状态间的交错沟通Ⅱ

其他交错沟通还包括但不限于以下两种。第一，以儿童自我状态发起沟通，期待对方以儿童自我状态予以回应，对方却以父母自我状态或成人自我状态予以回应；第二，以父母自我状态发起沟通，期待对方以儿童自我状态予以回应，对方却以父母自我状态或成人自我状态予以回应。总之，若回应者使用的自我状态不是沟通发起者期待的，双方即在进行交错沟通。

三、隐藏沟通

隐藏沟通常包括两个以上的自我状态，同时传达两种信息。一种是表面的、社交层面的信息；另一种是隐藏的、心理层面的信息。

当我们困于面子或其他社会规则，不方便说真话但心里又难受的情况下，我们往往会不自觉地使用隐藏沟通。

行政部孔经理到财务室办事，突然想起行政部刚采购并为大家下发了新买的笔，不知道质量怎样，想了解下信息。

孔经理："公司发的这批笔你们用得怎么样？"

财务小曹："挺好的。我们要求不高，能用就行。"（表面的、社交层面的信息。）

潜台词："就买这些破笔来糊弄我们！"（隐藏的、心理层面的信息。）

财务小曹以成人自我状态做了表面的回应，真正想表达的潜台词却是以控制型父母状态对行政部做出的批评和指责。在该沟通中，小曹处于两种自我状态，形成了交错型隐藏沟通（见图3.6）。

有趣的是，尽管人们使用隐藏沟通掩饰真实的自我，但在大部分情境中，对方仍能敏锐地感知隐藏信息的存在。

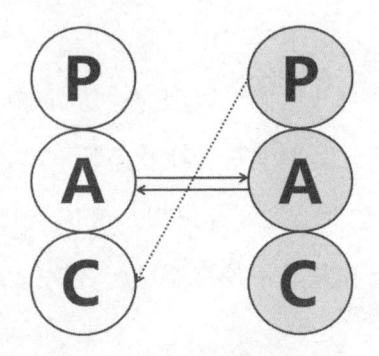

沟通自由
扭转职场沟通困境的7项选择

图3.6　交错型隐藏沟通

另一种常见的隐藏沟通是由发起者主动创造的，其隐藏目的是唤起对方的某种自我状态来回应自己。

某品牌服装专柜。

小严（销售员）："您眼光真好，这条连衣裙是今年新款。不过，您是老师，学生会不会觉得您穿这个太时尚了？"（表面的、社交层面的信息。）

潜台词："我倒要看看你敢不敢穿这么时尚的裙子。"（隐藏的、心理层面的信息。）

华老师（顾客）："不会。当老师也要与时俱进，紧跟潮流。"（表面的、社交层面的信息。）

潜台词："我是时尚前卫的老师。"（隐藏的、心理层面的信息。）

小严表面上以成人自我状态提出问题，却暗自指向华老师的儿童自我状态，想激起对方的叛逆与挑战，从而诱导销售成功。华老师表面上客观地回应了小严的问题，隐藏的信息却接受了小严的挑衅——"你说我不敢，我偏敢"。在该沟通中，双方均处于两种自我状态，形成了双重隐藏沟通（见图3.7）。

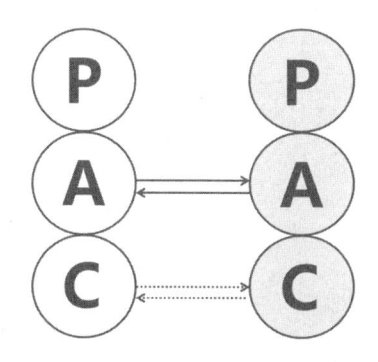

图3.7　双重隐藏沟通

同样，隐藏沟通也并非限于上述两种。凡是在沟通中同时出现公开与隐藏双重信息的，均视为隐藏沟通。囿于篇幅，不再展开。

互补沟通、交错沟通和隐藏沟通各有利弊和价值，无绝对的好坏之分。互补模式推进沟通，但易陷入低效循环；交错模式易导致沟通中断，却有助终结或转换话题；隐藏沟通虽然费解，却是婉转表达的技巧。因此，以成人自我状态选择匹配的沟通模式是实现沟通目标的关键。

第二节　善用互补沟通

职场沟通，常使用以下七种互补沟通。我们分别从沟通目的、沟通期待、注意事项三个方面逐一说明。

一、解决问题

最匹配的沟通模式是彼此都处于成人自我状态（简示为A—A）。

成人自我状态间的沟通聚焦于事实，以任务为导向。其目标是获取、

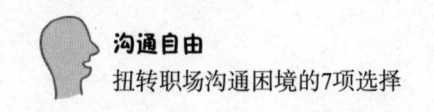

澄清以及确认信息，共同分析、商讨并解决问题。发起者期待对方的回应是有逻辑的、理性的、客观的。

某项目会议进行中。

金总监："这个项目的执行方案我们部门讨论了很久，我个人认为总体上没什么问题。只是有几个技术细节，想再听听工程部的具体意见。"

魏总监："工程部也认真谈论过执行方案。其他几点没问题，只有一个细节，我们建议调整一下。"

在该沟通中，发起者自身首先要处于成人自我状态。沟通之初，可以适度提醒或告知对方此次的沟通目标，以帮助对方尽快调整好状态。但是，在较为复杂的沟通中，一直使用该模式，很容易让沟通双方感觉枯燥、乏味。因此，可刻意、适度调用其他自我状态，适时调节沟通氛围，优化沟通体验。

二、情感支持

最匹配的沟通模式是养育型父母状态和自然型儿童状态（简示为NP—NC）。

该沟通聚焦于情感互动，以关系为导向。其目标是寻求他人情感层面的理解、认同、鼓励、支持以及抚慰等。发起者期待对方的回应是包容的、温暖的、关怀的。反之，若由养育型父母状态发起沟通，其目标则是表达关怀，并期待对方能够感受到关怀。

陶先生因为业绩突出，被破格提拔为部门总监。虽然对自己的专业能力很自信，但对自己是否能胜任总监一职信心不足。他惴惴不安地来到姜总办公室。

陶总监："姜总，谢谢您对我的认可。我认真想了想，还是担心管理不好这个部门。"

姜总："你不要有太多顾虑，放心大胆地干。有什么困难，随时找我。我既然提拔了你，肯定也会全力支持你。"

值得注意的是，在发起该沟通前，对于对方的常用自我状态要有基本判断。如果对方常处于控制型父母状态，想寻求安抚的期待怕会落空，反倒容易招致一顿批评。还需注意把握关系的深浅，对于不太熟识的同事表达安抚，可能会让对方感觉突破了边界，甚至被误解为目的不纯。

三、分享玩耍

最匹配的沟通模式是自然型儿童状态和自然型儿童状态（简示为NC—NC）。

该沟通多以分享为初衷，其目的是寻求他人的倾听、肯定以及共创。发起者期待对方的回应是热情的、开放的、充满欣赏的。

空降的新总监刚和部门开完会，部门的两个女生就躲在一起说起悄悄话了。

小戚："哇！新来的总监好帅呦。"

小谢："对啊，对啊，你有没有觉得他特别像那个明星，叫啥来着……"

同样值得注意的是，分享一定要找对人，否则就是兴致勃勃地开始，灰头土脸地结束。如果我们是回应者，但确实不擅长使用自然型儿童状态，那么努力练好倾听技巧，做到不分析、不评判、不指教是最基本要求。

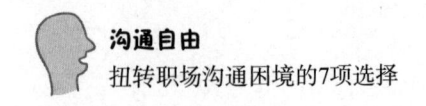

四、布置任务

最匹配的沟通模式是控制型父母状态和适应型儿童状态（简示为CP—AC）。

该沟通适用于对执行效率有高要求的任务情境，如紧急任务或不便解释前因后果的任务等。发起者期待执行者完全服从命令、听指挥，快速、高效、按照标准流程和要求完成任务。执行者无需思考，更不要问东问西。

下午三点，培训主管邹老师得到可靠消息，消息称大厦因紧急情况，很可能会被封控。邹老师迅速召集部门员工，做了如下部署。

邹老师："刚得到消息，大厦很快会被封控。不管情况是否属实，我们要防患于未然。你们迅速整理好这两周可能要用到的物品、读书会资料、直播器材……立刻打包，迅速回家。过程中做好防护。"

小喻："好的，领导，直播器材我负责。"

小柏："接下来两周有四场培训，我去整理物料。"

……

尽管该沟通情境不需要执行者体现创造力或思辨力，但发起者略做铺垫，照顾到执行者的成人自我状态仍是必要的。简单交代一句话，"时间紧任务重，我们没有时间讨论"或"这件事公司有先例和明文规定，我们按照制度和流程执行就好"，更有助于执行者接受任务。作为执行者，在当下对非原则与底线问题提出质疑或执着于细节是不恰当的。在执行中有更好的想法或改进建议，可以在事后反馈，并作为经验，应用于后续任务。

五、制定规则

最常见的沟通模式是控制型父母状态和控制型父母状态（简示为CP—CP）。

该沟通适用于制定规则、完善规章制度。其目标是尽可能完善细节。发起者期待对方能从价值观、规则、规范等视角提出建议和要求，发起者期待对方是有经验的、权威的。

受疫情影响，某部门到岗率不足30%，工作效率低下。人事科水主任召集几大核心部门主任开了一次电话会议。

窦主任："实验不能停。我建议核心人员不允许申请居家办公，受疫区封控的人员除外。办公室铺上行军床，全员带上行李，在单位封闭办公。"

章主任："双职工有孩子家庭，只允许一个人申请居家办公。"

……

该沟通需要我们保持觉察。在沟通中，我们需始终保持成人自我的思考——规则的可行性与正负面效应；始终心怀养育型父母的温暖——制定的规则要兼顾对人的关怀。

六、商讨安抚

最匹配的沟通模式是养育型父母状态和养育型父母状态（简示为NP—NP）。

当团体或组织需要情感支持时，该沟通模式更容易贡献爱的力量。其目标是通过商讨、计划一系列活动提升士气，增强凝聚力。发起者期待对方能从团体的心理情感需求提出建议，发起者期待对方是充满爱与温暖

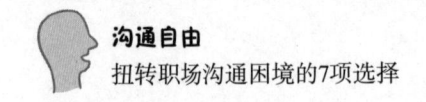

的，对方的回应是令人感动的。

在疫情封控期间，长时间居家办公群体出现不同程度的焦虑、抑郁。同事间联系减少，相互的支持也比正常上班时减少。因此，工会牵头，组织人力资源部、行政部召开线上会议，商讨如何安抚、支持居家办公人员。

云主席："我们联系了EAP公司，要求尽快设计相关主题培训，尤其是一些有关居家办公的心理调适课程，迅速推荐给居家办公的同事，希望能帮助他们。"

苏总监："行政部这边计划定制公司专属的防疫关爱包，希望大家能一直感受到我们的支持。"

潘总监："我们正在思考，公司层面可否承诺疫情期间不裁员、不降薪，消除大家的心理恐慌，共渡难关。"

该沟通同样需要我们保持觉察。在商讨过程中可任意提出各种计划，但收集完所有的想法后，仍需回归成人自我的思考。思考后，再选择成人自我状态间的沟通模式（简示为A—A）是恰当的。

七、批判抱怨

两个控制型父母状态（简示为CP—CP）或两个适应型儿童状态间（简示为AC—AC）的沟通最容易表达抱怨、批判等。

这两类沟通的共同特征是对现状不满。前者表现为谴责、批判，后者表现为发泄不满（第一节的加班案例）。其目标都是和对方建立共同认知，即达成统一的看法、观点和态度。发起者期待对方和自己有共鸣，能感同身受、同仇敌忾、一致对外。

茶水间，葛总看奚总气色不太好。

葛总："又拿咖啡续命，熬大夜了？"

奚总："别提了，现在的'00后'真是没有责任心，说撂挑子就撂挑子，害得我不得不亲自上阵。"

葛总："可不是嘛。我部门新招的那几位也是，像小爷一样，本事不大，个性都挺强。

该沟通要注意适可而止。虽然同频抱怨很爽，但长时间陷于负面情绪只会令自己更消极。同时，你的抱怨可能成为罪证，被有心之人利用。大量的案例告诫我们，再亲密的职场关系，也需保留几分成人自我的理性。

第三节　巧用交错沟通

自我状态的错位导致沟通交错。

为保证沟通顺畅进行，我们应尽量避免交错沟通。但在某些特定沟通情境下，当我们需要结束或转换话题时，主动发起交错沟通是可行的。主动发起交错沟通要谨记"顺应带领"原则。顺应，是先用对方期待的自我状态做回应，满足对方的心理需要。带领，是再选择其他自我状态唤起对方以我们期待的自我状态进行沟通，即引导、带领沟通发展。

一、化解冲突

冲突的发起者最初多处于负面控制型父母状态，他们期待回应者使用适应型儿童状态承认错误，无条件接纳他们的情绪或逻辑。这是典型的控

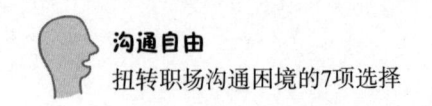

制型父母状态和适应型儿童状态的互补沟通（简示为CP—AC）。

但面对气势汹汹，甚至不知缘由的发起者，我们的本能反应是问清楚发生了什么，然后再一起分析究竟谁对谁错。这种本能反应是典型的成人自我状态，与发起者期待的适应型儿童状态不符。因此，化解冲突的常见错误是发起者在表达愤怒、不满等情绪，我们却试图让对方心平气和地讲道理。这是典型的控制型父母状态与成人自我状态间的交错沟通（简示为CP—A），而且这种交错沟通是由处理冲突者主动发起的。

范主管接到下属被客户投诉的电话。客户彭女士正在接待室大发雷霆。范主管赶紧一路小跑前往接待室。

范主管："您好，我是接待处主管。您……"

彭女士："好什么好，我一点都不好。有你们这么办事的吗？什么职业素养啊，懂不懂规矩啊……"

范主管："您能和我说说发生了什么事吗？"

彭女士："不管发生了什么事，这都不是一个职场人能干出来的事。你自己的下属什么样，你不知道吗？"

范主管："您消消气，咱们把事情的来龙去脉说清楚。您这样，我也没办法给您解决啊。"

彭女士："我哪样了？你会不会说话……找你们主任来。"

从上述的沟通效果看，范主管使用成人自我状态是无效的。同样，一味使用适应型儿童应对冲突也是无效的，甚至在某些情境下会助长对方继续保持控制型父母状态。

输液室，郎大爷等了很久还没轮到自己输液，于是特别生气地冲着鲁护士嚷嚷。

第3章
选择沟通模式

郎大爷："你们能不能快点，我都在这等半天了。"

鲁护士："对不起啊，大爷，今天输液人有点多。"

郎大爷："对不起有啥用啊，人多就该我多等啊。"

鲁护士："实在抱歉，大爷，我们也是按顺序输液的。"

郎大爷："按顺序就不能快点啊，你一个小护士，就扎个针还这么慢。"

最有效的方式是遵循顺应带领原则，先用适应型儿童状态回应对方的期待，必要时加上养育型父母状态安抚对方隐藏的自然型儿童。再用成人自我状态唤起对方的成人自我，必要时再辅助以养育型父母状态让对方感受到被照顾、被关怀。

受天气影响，乘客韦先生的航班屡屡延误。韦先生原本就着急赶去另一个城市开会，又见别的航班陆续开始登机，心里更着急。于是，他怒气冲冲地冲向地勤客服昌小姐。

韦先生："怎么回事，为什么别的航班开始登机，我的航班还没消息？"

昌小姐："对不起，先生。让您一直等待，实在抱歉。麻烦问一下您是哪个航班，我帮您查查具体情况？"

韦先生："查有什么用，你能让飞机尽快起飞吗？"

昌小姐："抱歉先生，我的确没有这个权力。但查清情况，我们才好帮你一起想想其他的办法。"

韦先生："早干嘛了，现在才知道想办法。"

昌小姐："航班延误，的确给您带来不便，我们深表歉意。现在我可以看看您的航班号吗？"

沟通自由
扭转职场沟通困境的7项选择

上述沟通，韦先生一开始处于负面控制型父母状态，以指责的方式发起沟通。昌小姐第一次回应，同时使用了适应型儿童和成人自我两种状态。适应型儿童状态的"对不起""抱歉"满足了对方的心理期待，安抚了对方的情绪，为后续沟通奠定了良好的基础。成人自我状态的"哪个航班，查查具体情况"是在启发对方的成人自我，希望建立解决问题的互补沟通。显然，第一次带领失败，对方依然愤怒，仍在继续指责，昌小姐继续同时使用两种自我状态进行回应，直到第三次，才将乘客成功带领至成人自我状态。

范主管没能平息彭女士的怒气，只好按对方要求找来了马主任。

马主任进门连自我介绍都省略了，直接对彭女士说："甭管发生什么，让您不满意，肯定是我们不对。这帮孩子年轻，办事不周全，我给您赔不是。您放心，这件事既然到我这儿，我肯定负责到底。"

彭女士："你能负责就好办。没有这么办事的。"

马主任："是我们不对，我替这帮孩子、替单位给您赔不是。您放心，我是主任，我就是来和您一起想办法看看怎么解决的。您先喝点水，咱们慢慢说。前面发生的事咱们没办法改变了，后面的事，您有什么想法不妨告诉我，看看我在哪些方面能帮您？"

发起冲突的沟通者，其初衷是"必须得让对方知道我的厉害，我有多生气"，深层目的是保护内在那个受伤的儿童自我——"我受了委屈，我很害怕你们不重视、不解决这个问题"。因此，马主任在适应型儿童状态和成人自我状态间加了养育型父母状态，成功地安慰对方内在的自然型儿童的担心。愤怒的情绪被接纳，担心的情绪被抚慰，沟通方可顺畅进行。该沟通可以用下图呈现（见图3.8）。

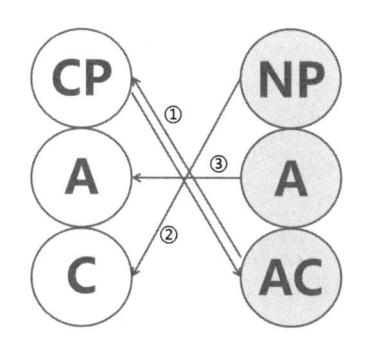

图3.8 化解冲突的自我状态组合

二、应对批评

因为我们都想得到表扬和肯定,所以面对批评,我们的本能反应都是不愉快的。因此,应对批评的方法和化解冲突的方法较为类似。选择适应型儿童状态接住对方的控制型父母、调用养育型父母状态安抚对方的自然型儿童、尝试用成人自我状态唤醒对方的成人自我。回应者可根据具体情境,依次、反复、组合使用三种沟通中的一种或多种。

下周供应商大会,技术部需要提出具体明确的技术指标和生产要求。苗经理整理了一份报告给凤总监。

凤总监:"你写的是什么?你自己看,这是一个工程师写出来的东西吗?"

很多人都知道,当被领导骂时,首先要认错,别管能力怎么样,态度得到位。

苗经理:"领导,我错了。"

凤总监:"你错哪了?知道错你还这么干!"

苗经理:"我报告写得不好,让您生气了。"

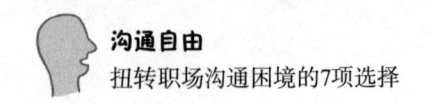

> 凤总监："你也知道自己写得不好？写得不好还敢交给我，等我给你写吗？"

看来，选择适应型儿童状态应对对方的控制型父母状态是无效的。这里，有几个细节需要提醒。一是不带停顿地使用这三步：礼貌回应、安抚、解决问题；[①]二是礼貌回应对方的情绪（"让您生气，我很抱歉"），不要对尚未清楚的客观事实抱歉（未必真的就错了，对错的判断要因人而异）；三是当我们安抚对方情绪时，承诺态度（会尽力想办法、会负责到底），但不要承诺结果（"肯定让您满意"）。

> 凤总监："你写的是什么？你自己看，这是一个工程师写出来的东西吗？"

> 苗经理："领导，我错了，看把您气的。您放心，这周末我哪也不去，所有娱乐活动都取消，我加班改。您给我具体说说，我好知道怎么改。"

一句话表达了三重意思：适应型儿童礼貌回应了总监的愤怒情绪、养育型父母安抚了总监的自然型儿童、成人自我尝试解决问题。

这里需要再多做一点解释的是，当处于控制型父母状态的领导发脾气时，其实内心还有一个委屈的、受伤的，可能丧失了控制感的"儿童"。于你而言，只是报告不够漂亮；于领导而言，可能会泛化到老板、供应商和行业认为自己能力不行、管理不善、职位不保、行业口碑受损……这种处于儿童自我状态的无助感和失控感，是领导不能和下属言说的。当真实的情绪无法被表达时，通常会转变为批评、指责、抱怨等。"您放心"表达了你不会撂挑子的态度，传递了情感层面的支持。

[①]　[英]朱莉·海：《态度与动机》，张思雪，田宝译，机械工业出版社　2020年版。

三、回应情绪

处理冲突和批评的情境都有例外。那就是，无论我们使用什么自我状态都无法平息对方的情绪（可能是愤怒、悲伤、沮丧、消沉等）。此时，我们需要觉察对方的沟通目标，对方可能并不想解决问题，单纯想发泄情绪或寻求情感抚慰。

第一种情况，对方是你不敢得罪的领导、客户，或者是你不想伤害的人，目前你还不想恶化关系，那就以适应型儿童状态听着吧。因为对方的儿童自我状态和成人自我状态就像不存在一样，我们是没办法与其对话的（见图3.9）。此时，我们需要真正地听，并给予适当的回应。敷衍地听，只会加剧对方的情绪。

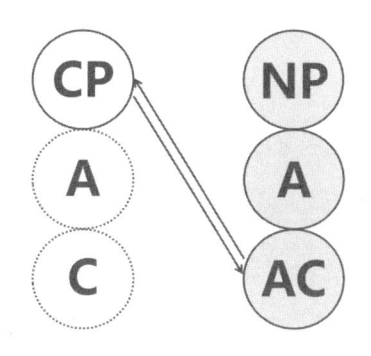

图3.9　顺从对方父母自我的沟通

虽然使用的是适应型儿童状态完成沟通，但前提是必须在成人自我状态的监督下完成。成人自我不仅用于觉察、判断对方的真实目的，还能够理性、客观地区别自我与对方的行为，即对方的指责甚至漫骂和我无关，这不是我的错。另外，在沟通后，成人自我还需调用自己的养育型父母关爱自己的儿童自我部分，对自己说："为了有效处理工作，你受委屈了，这不是你的错。你能处理好这件事，没将冲突恶化，你尽力了。"

第二种情况，对方是你的同事、下属以及并不需要十分在意的人，或者是在这段关系中，你有且必须有掌控感。在这种情况下，也可以用适应型儿童状态回应，再用成人自我状态发出提醒，宣告此次沟通结束。

花主管对没完没了、喋喋不休的同事说："这件事我已经澄清了，你感觉到很委屈，对此我郑重道歉了。以后在这个细节上我会注意。现在我们的这种沟通状态不能解决任何问题，等您冷静了，我们再找个时间具体谈。"（说完即离开）

方妈妈对无理取闹的孩子说："我不给你买游戏卡这件事让你很生气，你觉得我对你不好，我理解你的感受，毕竟谁得不到想要的东西都会生气。但你大哭大闹的行为是不恰当的。请你现在回自己房间冷静冷静，等你冷静后想好了，能平静地和我说话了，我们再谈。"

虽然对方的成人自我状态暂时缺席，但我们依然可以选择用成人自我将其唤醒与等待。唤醒对方成人自我的沟通依然要在成人自我的监督下（见图3.10），对关系进行评估和预判。

第三种情况，对方并没有表达强烈的情绪，但也不聚焦于解决问题，我们需要觉察对方可能隐藏的情感诉求。这在儿童和亲密关系中比较常见，在职场中相对隐蔽。对方发泄情绪，表达愤怒、不满，或者做出一些破坏关系的行为，其实背后的目的是希望被看见、被重视、被认同、被爱。

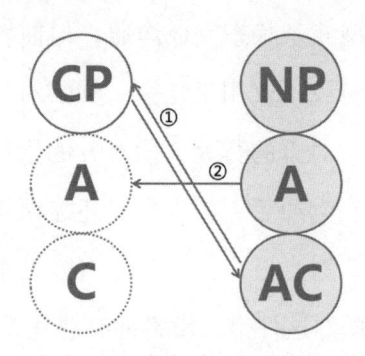

图3.10 唤醒对方成人自我的沟通

第3章 选择沟通模式

季度考核，员工俞女士给任总监的考核评价是C，其描述是任总监对待下属不够公平。而同部门其他20多位同事给任总监的评价都是A。HR反馈后，希望任总监能和俞女士聊聊，不要有什么误会。

任总监："俞姐，我接受你给我的考核，我肯定有做得不好的地方。这几天我一直在想是什么事让你有这样的感受的？"

俞女士："没什么事。"

任总监："俞姐，咱们做同事快两年了，大家的性格基本都了解。你不和我说，我不知道怎么改啊。"

俞女士："真没什么具体的事。"

任总监："俞姐，你要有什么事一定得和我说啊。你是我们部门的老大姐，定海神针，你可不能有波动啊。"

俞女士："我做的都是日常工作，哪有这么重要啊。"

任总监："你这么说我可不同意啊。你负责和全国那么多办事处的日常联络，这工作多重要啊。我平常过问少，是你从来不出岔子，交给你的事情我放心，你不知道我内心多感谢你呢。他们几个人，专业性强，但也容易出意外，我是一刻不敢放松，总得操心，盯着他们。对你这边关心不够，我以后多注意啊。"

每个人都渴望被关注、被认可，但往往最省心的人得到的关注最少。"求求你表扬我"是很多人的内心渴望，但囿于文化和教育的束缚，我们不能直接要，因为要谦逊，而且要来的不是真的（详见第四章）。俞女士的工作虽然重要，但很基础且不出彩，任总监对其放心，所以关注相对较少。任总监在内心里肯定俞女士的价值，但在言行上鲜少赞扬，俞女士感觉自己被忽视，产生了"我不重要""总监看不上我"等负面感受。这触发了俞女士考核打C的行为——以负面控制型父母状态批评总监做得不够好。在具体沟通中，其成人自我状态暂时屏蔽，更多表达的是儿童自我状态中不能言说的期待。任总监多次尝试以成人自我状态沟通失败后，改用以养育型父母状态对其安抚。

虽然对方的儿童自我是隐藏的，但是我们如果感受到其需要，选择用养育型父母状态去安抚便是恰当的沟通（见图3.11）。只要我们出于真诚，该沟通永远适用，甚至不限场景。毕竟，谁的内心不渴望被看见、被肯定呢。

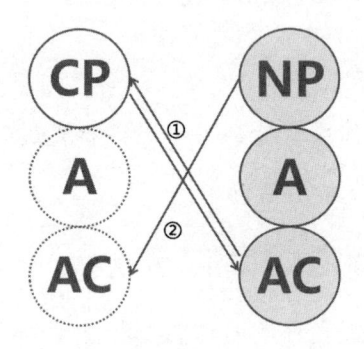

图3.11 抚慰对方儿童自我的沟通

四、表达拒绝

拒绝有两种，一种是拒绝为难的求助；另一种是拒绝好意的帮助。两种情境的应对方式有所不同。

拒绝为难的求助

该情境的深层难点是我们的内在冲突——父母自我说应该乐于助人；成人自我评估的结论是不能帮或帮不了；儿童自我不想帮又担心拒绝会破坏关系。如果自我内部不统一，很容易表现出模棱两可、欲拒还迎的态度，导致自己惴惴不安地拒绝或心不甘情不愿地帮助等冲突行为。（这部分的处理请参见第二章成长专题：倾听内在声音——自我冲突应对练习。）

经自我内部统一后，成人自我做了不帮的决定。可参考以下步骤。

第一步，以养育型父母状态安抚对方的儿童自我。切记安抚要简短，点到为止，不可陷入过度的养育状态。

第二步，以成人自我状态拒绝，说明原因，给出建议。谨记，拒绝要直接、清晰、坚定，不要给对方幻想；原因要真实、合理，不可编造，实在没有原因可以不说；建议要中肯、可行，没有就不给，不可随便敷衍。

第三步，以儿童自我状态表达自己的困难，唤起对方养育型父母的理解与关怀。此步骤，视情境选用。

袁先生听说柳先生下午要去城西办事，想让对方帮自己去客户那儿拉点物品。柳先生大致想了想，虽说开车顺道不费事，但牵涉到物品就得清点、交接、签字，时间不确保，万一多了少了更费周折。

袁先生："哥们儿，下午去城西啊。上次客户答应的置换物品漏了一部分，你刚好顺便帮我拉回来。"

柳先生："理解，物品不多不少的，自己开车确实方便些。但是今天下午不行，下午这件事有点复杂，不知道什么时候能结束。办不好，我又得被批评。万一你联系好了客户，我又去不了，也不好。要不这样，哪天不忙，我陪你一起单独去一趟？"

当每位求助者发出求助信息时，内心都有一个害怕被拒绝的儿童自我。这就是首先使用养育型父母状态回应的原因——"我理解你的行为和感受，你的求助是合理的"。成人自我明确告知"今天下午不行"，表示没有商量的余地。"单独去一趟"的建议是可行的，但已经超越了"顺道帮忙"的范围，变成了一个特意的人情。"我又得被批评"出自柳先生的适应型儿童，目的在于唤起袁先生的控制型父母（"不应该让别人因为我被批评"）或养育型父母（"我得考虑他的处境和感受"）。上述对话可用下图呈现（见图3.12）。

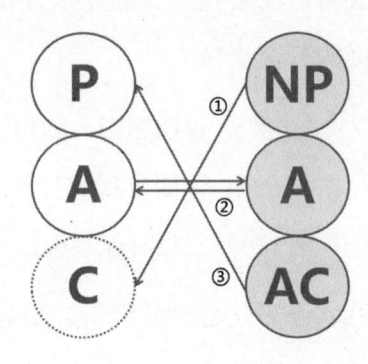

图3.12 拒绝为难的求助

拒绝好意的帮助

作为独立的个体，每个人都有自己的节奏、习惯和安排。因此，不是所有出于好意的帮助、支持甚至提携，都恰好迎合我们的需求。同事或朋友热情地邀请你出去玩，但你更想回家准备职称考试，你如何拒绝？老板赏识你，给你升职加薪，但需要把你长期外派，而你并不想离开久居的城市和重要的家人，你如何拒绝？

该情境的难点同样源于内在的自我冲突——父母自我认为拒绝好意会伤人心；成人自我评估的结论是"我不想要"或"不需要"；儿童自我担心对方以后不会再对我好了。

经自我内部统一后，成人自我做了拒绝的决定。可参考以下步骤。

第一步，使用适应型儿童状态表示感恩，感恩要真诚、具体。

第二步，使用成人自我状态拒绝，说明原因，给出建议。谨记，拒绝要温和且明确，原因要真实且合理，是否给建议，视具体情况而定。

第三步，使用儿童自我状态表明态度、表述为难、表达期待，唤起对方养育型父母的理解与关怀。此步骤，视情境选用。

下班，电梯间。

鄞总："小鲍，听说你也住北边，别挤地铁了，我捎你一段。"

小鲍："谢谢鄞总。我知道您是想让我在下班的路上舒服些，领导的关爱全部收到。我坐地铁方便，地铁站离我们家挺近的。路上我还能看会儿书。领导这么关心我，我更得努力学习，好好工作了。"

主动、热心的帮助者大多处于父母自我状态，使用适应型儿童状态的回应是恰当的。以成人自我状态陈述原因，唤起对方成人自我的思考和评估——"我的好意是对方真正需要的吗，有没有让对方感觉为难？"最后是儿童自我的表白，表达了"继续关注我"的期待，也缓解了儿童自我"以后你不会再对我好"的担忧。上述对话可用下图（见图3.13）呈现。

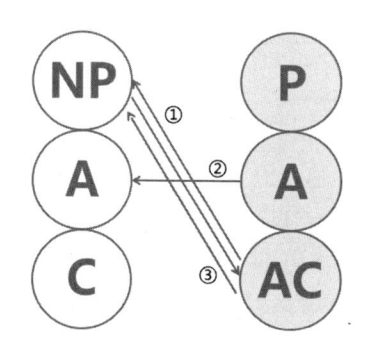

图3.13 拒绝好意的帮助

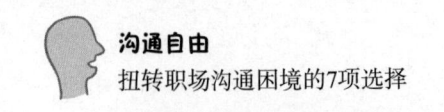

第四节　慎用隐藏沟通

隐藏沟通含蓄、委婉，在外交和情感沟通中较为常见。在职场沟通中是否需要选择隐藏沟通并刻意练习，仍要视情境而定。

一、工作情境

很多职场人不善于或羞于谈钱。于是，每讲到隐藏沟通时，总有人问："能不能用隐藏沟通谈加薪？"达成沟通目标的前提是双方彼此懂得，而后才能准确回应。使用隐藏沟通，相当于给了对方不懂或装不懂的机会。这背离了我们的沟通初衷。因此，与工作相关的沟通，我们建议尽量不采取隐藏沟通模式。

如果对方发起隐藏沟通，首先我们要有识别隐藏含义的能力，而后选择以成人自我状态澄清、确认问题，并理性客观做出回应。

某招投标现场，投标公司代表史先生得知某竞标公司报价不到自己公司的一半，并且小道消息称此次招标项目价低者得。

史先生："听说咱们这次招标是价低者得？"（表面的、社交层面的信息。）

潜台词："光拼价格不看质量是不对的，完了，我们公司没戏了。"（隐藏的、心理层面的信息。）

唐主任（招标公司负责人）："您担心我们只看价格对您公司不利吧？这是专项服务招标，我们组建了专家评审团，还是很关注专业度和服务经验的。"

史先生用成人自我状态的询问，暗含了双重潜台词（见图3.14左）。

唐主任识别了对方的隐藏信息，并以成人自我状态分别对史先生的三种自我状态做了回应（见图3.14右）。这就是识别隐藏含义，选择自主归位到成人自我状态，将隐藏主题挑明了谈，避免落入对方的沟通陷阱。

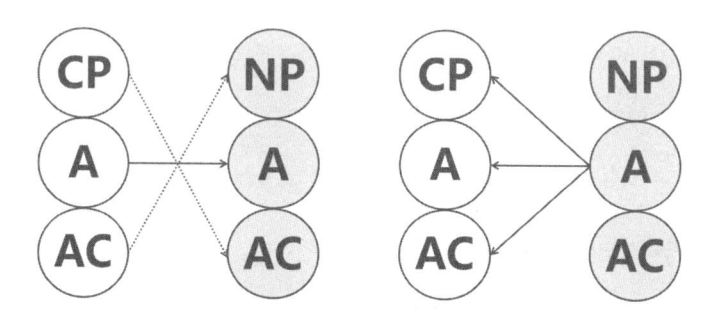

图3.14　以成人自我状态回应的隐藏沟通

二、情感话题

职场情感话题相对敏感。如果像对待工作内容一样直接挑明了说，容易让双方都很尴尬；如果不正面回应或漠视沟通，容易导致关系暧昧，影响工作。为此，我们认为对于职场中的情感类的隐藏沟通，不妨将错就错——不直接回应对方的隐藏信息，但同时又表明态度。

元旦，费小姐给公司几位高管发了新年快乐的祝福。廉总回复："谢谢你的祝福，让我感觉很温暖！"

费小姐和廉总分管同一集团两个城市的不同部门，工作交集不多，但两个人比较聊得来，每次出差到对方城市一定会一起吃饭聚一聚。但当费小姐收到这样的回复时，还是不知道该怎么接下去。顺着"温暖"往下接，显得特别暧昧，发个表情似乎太敷衍，毕竟俩人也算是聊得来的朋友。更不能直接挑明了问："您这么说，是不是喜欢我啊？"

廉总:"谢谢你的祝福,让我感觉很温暖!"(表面的、社交层面的信息。)

潜台词:"收到你的祝福,我很开心。我是欣赏、喜欢你的。"(隐藏的、心理层面的信息。)

费小姐:"是因为你们上海没暖气吧,我的祝福把北京的暖气也带去了哈。"(表面的、社交层面的信息。)

潜台词:"我们彼此欣赏,但我并不想回应你的暧昧信息。"(隐藏的、心理层面的信息。)

廉总:"哈哈哈。"(表面的、社交层面的信息。)

潜台词:"我懂你的意思了,不会再使用暧昧词汇。"(隐藏的、心理层面的信息。)

费小姐表面用成人自我状态做了回应,但已转换了话题。她使用自然型儿童的创造性思维,巧妙地回应了对方隐藏的自然型儿童的表达(见图3.15)。双方都不会尴尬,对方也明白其并不想深入情感话题的想法。同时,创造性地岔开话题,往往有意想不到的效果,让沟通更风趣、愉悦。

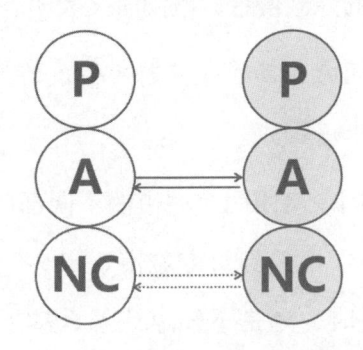

图3.15 以儿童自我状态回应的隐藏沟通

自然型儿童的创造力不是每个人都能轻松驾驭的。那么,使用成人自我状态客观、理性地回应是可以的。过度的成人自我往往表现为公事公办，与情感隔离，容易让人感觉无趣，甚至冷漠。

岑小姐初入职场，很得领导薛总的赏识。薛总对岑小姐照顾有加、关怀备至。一方面，岑小姐很感谢薛总的欣赏与指教；另一方面，岑小姐对薛总的喜欢感到害怕。她刚入职场，一心只想好好工作，很怕陷入复杂的人际关系中。在某次从客户处回公司的路上，薛总开车载着岑小姐。

薛总："小岑啊，虽说你刚入社会，但没想到我们俩还挺聊得来的。我们之间没啥代沟，你不要老拿我当领导，不敢靠近。"（表面的、社交层面的信息。）

潜台词："我们之间可以比上下级关系更亲密。"（隐藏的、心理层面的信息。）

岑小姐："那是您与时俱进，理解我们年轻人。您就是领导，我特别尊重您。在您面前，我永远都是晚辈。"（表面的、社交层面的信息。）

潜台词："我不想和你走得太近。"（隐藏的，心理层面的信息。）

薛总："什么晚辈啊，我们一样都是职场的打工人。你可不能总拿自己当孩子啊。"（表面的、社交层面的信息。）

潜台词："不要逃避这个话题。"（隐藏的、心理层面的信息。）

岑小姐："我说的是真的，薛总。刚来公司，您就这么照顾我，我特别感恩。在我心里，您和我父亲一样，我可不永远都是孩子嘛。对了，我爸70年的，您是哪一年的？"（表面的、社交层面的信息。）

潜台词："你的年纪就是父辈，别有非分之想。"（隐藏的、心理层面的信息。）

薛总："你啊……真是读书读傻了……"

沟通自由
扭转职场沟通困境的7项选择

岑小姐并不傻，她听懂了薛总的潜台词，但并不想回应。虽然她一直坚持说自己是晚辈、孩子，但始终处于成人自我状态，基于客观事实回应。同时，她的回应也指向了对方的隐藏信息（"我想关系更近"）。第一次，岑小姐使用适应型儿童状态（"我不想接你的话题，我不想关系更近"）回应对方的控制型父母（"我这么照顾你，你应该有所回报"）。第二次，岑小姐使用控制型父母状态（"你不应该有这想法"）直指对方的适应型儿童（"要有伦理底线"）。从薛总的视角看，岑小姐的回应理性、客观，过度的尊重与客气让自己感觉冷漠、无趣，很是"煞风景"。但身在职场，这样的沟通又有什么错呢？上述沟通的呈现如下图（见图3.16）。

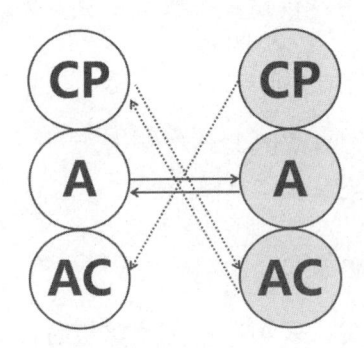

图3.16 以控制型父母状态回应的隐藏沟通

工作与情感交织的沟通是困难的，以成人自我识别、评估至为关键，而后才是选择——选择沟通目标、沟通状态、沟通模式。

沟通模式或许远不止上述的互补沟通、交错沟通和隐藏沟通三种。你有自己的偏好和擅长，更可以创造属于自己的模式。但无论怎样，我们不会再被困在单一模式中，有选择即自由。

第4章

选择沟通效能

沟通自由
扭转职场沟通困境的7项选择

引：

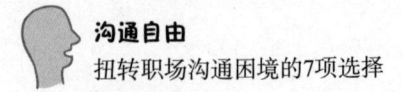

你要真的为我好，就……

"我这都是为你好！"

"你要真的为我好，就……"

　　抛开打着为你好旗号，实则为了满足一己私欲的案例不谈。即便是纯粹的"为你好"，结果也可能让对方感觉很糟。有的"为我好"能激发甚至滋养我们的生命力，让我们满心欢喜、满目光芒、满身力量、相信未来并充满希望。有的"为我好"则会抑制甚至削弱我们的生命力，让我们体验到无能、无力、无价值感，甚至质疑、否定自己的存在意义。

　　同是沟通，为何感受及结果间的差异如此巨大？

　　乐小姐写了一份市场分析报告交给老板于总监。

　　于总监看完，将报告往乐小姐面前重重一摔："你是傻吗？把竞争对手写得这么弱，如果我们的市场前景一片光明，还要我们市场部干什么，不想干了是吗？重写！"

第4章
选择沟通效能

当乐小姐听到于总监骂自己"傻"时，委屈至极。她认为，报告呈现的是客观现实，自己并没有做错什么，但是不敢反驳。于总监骂完，并未交代具体怎样修改，她更不知道该怎么做。因此，她不仅委屈，还很无措。

时女士遭遇职场天花板，选择在职深造。虽说是职场精英，处理工作游刃有余，但第一次写学术论文难免无从下手，困难重重。她惴惴不安地发了论文初稿给导师傅教授。傅教授极为详尽地修改了论文，提出了很多具体修改意见。时女士看到满篇红彤彤的修改稿，已是感动。当看到下面这段话时，更是心头一热："结论直接拷贝成摘要的结果，真傻！不怕审稿人误解你偷懒？仔细研究二者的区别，要……"

时女士经历过职场新人的艰难，也曾被上司骂过无数次"傻"。如今，身为高管，她也会斥责下属"傻"。导师的"真傻"将她带回久违的学生体验，为此感动不已。职场成长多靠自己摸爬滚打，要时刻保持成年人状态，在挫败中跌跌撞撞前行。而做学生则多少更像孩子一样，又幸遇良师指引、点拨与呵护，这样的成长更踏实、笃定，也更容易看到希望，感受亦是温暖且幸福的。经历过独自前行磨炼的时女士对此感受尤为强烈。

前三章理论侧重分析在沟通过程中的态度、状态和模式。

于总监使用负面控制型父母状态，以训斥的方式表达不满。乐小姐是职场新人，经验相对匮乏，平日没少被批评，其沟通态度很可能是"我不好"。所以，当她听到总监说自己"傻"时，就自然以"我不好"进入沟通，不仅有怒不敢言，甚至有疑问都不敢问。此时，乐小姐处于负面适应型儿童状态，表现为过度适应。

当傅教授说时女士"真傻"时，处于养育型父母状态，有保护时女士避免被审稿人误解的深意。接着他用正面控制型父母状态提出要求，指导时女士如何做。时女士已是职场高管，沟通时很可能较多处于"我好"状态。因此，当她听到"真傻"时，并没有认为"我不好"，而是以"我好，你好"的沟通态度感受到导师的关心。此时，时女士处于正面适应型儿童状态，表现为顺从、友好。

本章，我们尝试从沟通结果即效能的视角分析沟通——对于沟通结果（解决问题或增进关系）而言，该沟通是有益、无益还是有害的。

乐小姐被于总监训斥后，再次确认了"我不好"的心理地位，加上并不清晰怎么改方案产生的无助感，更强化了"我不行"的信念。因为不敢问，无法真正理解总监的要求和期待，乐小姐按照自己的理解重新修改了报告。总监对乐小姐很是失望，再次训斥了她。乐小姐的挫败感和无力感越来越强，越发觉得自己不能胜任工作。他们的沟通无助于报告完善，无益于于总监的管理能力提升。乐小姐的感受是糟糕的，信心遭受重创，无益于其发展。

对导师的感激促进了时女士想要做得更好的动力。因为导师指点了自己具体的改进方法，时女士有信心做得更好。她采纳导师建议，阅读文献，对比二者的差异，认真修改论文。再次提交的论文虽离理想结果有差距，但导师看到并认可了时女士的努力。时女士体验到学习和成长的快乐，更加坚信自己一定能突破自我，获得更大的成长。他们的沟通有助于时女士完成论文，时女士感受良好，增强了信心，体验到被关怀的幸福感和深造学习的收获感。

上述案例呈现了两种迥然不同的沟通结果。我们能感受到两者的差异，甚至感同身受。但为什么沟通结果会有云泥之别，在沟通过程中发生了什么？

沟通何等重要，只要我们活着，就必然会与自己、他人和世界沟通。

第4章 选择沟通效能

沟通为何重要？沟通分析心理学认为，其原因在于沟通中的人们交换了安抚，而安抚是人的基本生存需要。因此，安抚的性质、强度等，不仅影响沟通效能，还在某些方面影响人们的生存质量。

第一节 安抚理论

安抚是一个人给予另外一个人的注意、承认和反应。[1]

你朝我走来。我看到你，微笑着说："早。"

你看到我和我的微笑，听到我的问候，你也微笑着说："早。"

沟通分析心理学将我们的行为描述为"给予彼此一个安抚"。如果我和你打招呼，而你没有注意到我，我们的行为则是我给予你一个安抚，而你没有给予我一个安抚。如果我和你打招呼，你也注意到了，但你狠狠地瞪了我一眼或转过身刻意不理我，我们的行为则是我们给予彼此不一样的安抚。

安抚被称为最温暖的概念，是个体生存与发展不可或缺的。在日常生活中，我们每时每刻都在交换安抚，以致听起来它根本不像重要的心理学理论一样。或许正因为它很寻常，不被重视，所以我们的表现总不能尽如人意。

一、安抚的意义

概括而言，安抚对个体的生存和发展都具有至关重要的作用。

---

[1] ［中］杨眉，［瑞］托马斯·欧嘉瑞，《人际沟通分析学》中国人民大学出版社　2013年版。

沟通自由
扭转职场沟通困境的7项选择

精神科医生瑞内·斯皮茨（Rene Spitz）的孤儿院研究结论证明了安抚对生存的作用。在生活条件、营养供给相似的背景下，不同孤儿院孤儿的死亡率相差很大。研究发现，护理员跟婴儿互动的质量决定了婴儿的存活质量。抚育者经常抚摸孤儿身体，与孤儿有肢体接触，其照看的孤儿不容易生病，更容易存活。而那些长时间得不到抚触与拥抱的孤儿，往往身体衰弱，疾病多发，更容易死于并发症。斯皮茨描述该现象为情感剥夺导致致命性后果。由此，他提出"刺激饥渴"概念，即婴儿的生长需要身体亲密接触形式的刺激。该刺激提供了生理层面的注意、承认和反应，是最直接的安抚，满足了生存的原初渴望。

今天被广泛推广的婴儿抚触，正是该研究结论的实践和力证。

随着年龄增长，在某些关系中，人们不能再寻求身体接触的刺激，转而寻求一种象征性的刺激——微笑或皱眉、赞美或批评、肯定或否定等。这些替代刺激确认了我们是被看见、被关注、被认可的，婴儿的"刺激饥渴"部分转化为"认同饥渴"。因此，职场人的"安抚需要"更多表现为"认同饥渴"。当然，满足"刺激饥渴"的身体接触仍是最原始、最有力的安抚形式。

霍桑效应是"认同饥渴"的有力证明。该效应指的是当人们意识到自己正在被别人观察，往往具有改变自己行为的倾向。在实验中，研究者通过和工人谈话，倾听他们的意见、抱怨，关心他们的个人问题，让他们的情绪得以表达甚至宣泄。结果发现，工人们的工作效率大大提高。尽管有研究者对霍桑效应的研究真实性或研究素材提出质疑，但该效应强调以人为本、重视人际关系的理念已成为主流的管理思想。[1]

---

[1] 迟毓凯：《爆笑吧！心理学大神来了》，北京联合出版公司 2020年版。

在关系中，被看见、被关注、被倾听、被关怀极大地满足了个体的"认同饥渴"。收获了安抚的我们，会以类似性质的安抚予以回应，如工作更加积极、主动、努力，行为的改变带动了结果的改变，工作效率提升，工作成绩卓越。由此可见，安抚不仅推动个体发展，提升职业表现，对于组织发展也有促进作用。

从婴儿存活到生产效率，我们始终呼吁重视安抚。无论对于个体还是组织的生存与发展，安抚都意义非凡，价值无限。

二、安抚的分类

安抚如此重要，但并非所有的安抚都是有益的，都会带来正向、积极的结果。关键在于我们给予或接受的是什么类型的安抚。安抚可从不同角度大致分为以下类型（见表4.1）。

表 4.1　安抚类型

分类角度	类别		
接受者的感受	正面安抚	负面安抚	零安抚
有无条件	有条件	无条件	
强度	高	中	低
形式	言语	非言语	

正面安抚、负面安抚和零安抚

从接受者的感受角度来说，一种情况是，此时此刻感觉愉快、舒服的系列言行被称为正面安抚。另一种情况是，虽然接受者当下感觉不舒服，但事后想想很有道理，有益于其成长，那么这也被归为正面安抚。正面安抚可加持彼此"我好，你好"的态度。

让接受者产生不舒服的感受，又无益于个体成长与发展的系列言行被称为负面安抚。负面安抚容易让接受者产生"我不好，你好"或"我不好，你也不好"的态度。

既不给正面安抚，也不给负面安抚，而是刻意冷落对方、漠视对方的存在，该言行被称为零安抚。零安抚通常令接受者不安、迷茫、信心受挫、郁闷、自责和焦虑，易给接受者造成一定程度的心理伤害。零安抚容易让接受者产生"我不好，你也不好"的态度。职场零安抚常表现为孤立、冷落、雪藏等行为。但严格地说，职场没有绝对的零安抚，因为职场关系是多元的，无论怎样，还是有工资可拿的（可参见本章第四节）。

皮先生参加公司新业务部门的主管竞职演讲。他对自己的表现颇为满意，内心泛起小小的喜悦。演讲后，领导和同事们纷纷给予反馈。

卞总："你的演讲很精彩。其中有一个想法，我特别感兴趣。你把它完善一下，找机会就这个内容再做一次汇报。"

齐总："我关注到你过去的成绩都是你个人单打独斗的结果。这个特质对于带队伍是不适合的。我比较担心，如果真把你提升到管理层，你能不能突破自我，转变工作模式。"

康总："除了夸夸其谈你的业绩，我完全看不出你在做竞职演讲，你根本就不懂竞职演讲该怎么做。"

同事小伍："你的竞职演讲太精彩了，新主管非你莫属。再说了，新项目老大是个女的，就喜欢你这种帅哥。"

同事小余："哥，就凭你的能力，别说一个小主管，CEO都能胜任。"

卞总给予了正面安抚。齐总的回应虽让正处于喜悦中的皮先生感觉不舒服，但这样的逆耳忠言是客观的，对皮先生的长期发展是有提醒作用的。康总给予了负面安抚，他的回应对皮先生的提高和发展毫无建设作用，又令其产生挫败感和羞耻感。

同事小伍的回应看起来是正面安抚，其实是负面安抚。他暗示皮先生是靠脸而非凭实力上位，这种"笑里藏刀""狗尾续貂"的安抚让人窝火，比直接的负面安抚更令人感觉糟糕。同事小余的回应不切实际，让人感觉虚假，这种夸大的安抚带给大部分人的感受是不舒服的，但在某些场合却并不违和。

并非只有正面安抚是好的，负面安抚和零安抚也有自身的价值和意义。我们要根据沟通情境、沟通对象的不同，选择给予正面安抚、负面安抚或零安抚。值得注意的是，给予正面安抚务必要真诚、具体、适度，切不可虚情假意、言之无物、夸大其词。夸夸群火爆一时又迅速湮灭是最好的例证。给予负面安抚要立足事实，使用成人自我状态客观分析、冷静判断，理性评估对方的接受程度，尽可能地减小影响范围——直接不间接，私下不公开。对于零安抚的使用要慎之又慎，尽可能不用，当遭遇零安抚时力求主动解决，实在不行走为上策。

有条件安抚、无条件安抚

依据他人的特征、拥有的资源、所做的事情或某个表现等给予的认可或回应称为有条件安抚。"我喜欢你的才华""你人脉真广""谢谢你帮了我""你刚才的表现太帅了"……无条件安抚则是对一个人本身所给予的认可或回应。"我喜欢你""我讨厌你""我恨你"……无条件的正面安抚让接受者感受到自己存在的价值和意义，但无条件的负面安抚对接受者的伤害是巨大的。

无条件安抚因其无依据、无缘由，应用于职场易让对方感觉莫名其妙、十分突兀。通过自我觉察大部分的无条件安抚，还是会发现有条件安抚的蛛丝马迹，而这些由旧痕唤起的情绪感受往往与当下无关。因此，我们建议职场多使用有条件安抚，尽量不使用无条件安抚。前者是具体的、清晰的，体现了给予者的真诚与客观，也有助于接受者扩展自我认知、提升个人能力；后者则很容易受无意识的情绪驱遣，导致职场关系偏离方向。

高强度、中强度和低强度安抚

关系有亲疏、情感有浓烈、安抚有强弱。见面点头可视为低强度的安抚——我看见了你。微笑、问好的强度稍高——我不仅看见了你，还表达了友好。询问对方的工作、生活、身体状态等则强度更高——我同时表达了友好和关心。啥都不说，上来就紧紧地抱住对方，其安抚强度不言而喻。

人际关系的本质是互惠的。[①]因此，我们需注意安抚强度的对等性。点赞之交点赞即可，用心的评论就不要用一个表情或一句"统一回复"带过。安抚强度的长期不对等是关系破裂的因素之一。如关系中的一方热情似火，另一方总是礼貌克制；一方积极主动，另一方却从不主动。久而久之，人的热情淡了，主动的人累了，关系自然就疏远了。（第六章沟通层次与安抚强度紧密相关，可结合阅读。）

言语和非言语的安抚

言语安抚包括打招呼、对话等；非言语安抚包括面部表情、姿势、肢体动作、语音、语调、语速等。见面说"你好"是言语安抚。微笑、点

---

① ［美］埃德加·沙因：《互相帮助》，郭国玺译，东方出版社 2009年版。

头、握手、击掌、拍肩或拥抱等是非言语安抚。值得注意的是,非言语安抚的力量往往大于言语安抚。

第二节 安抚模式与沟通效能

安抚模式指我们给予、接受、拒绝和索要安抚的具体方式、内容偏好及其他所有个人特征。模式不同,沟通效能不同。

一、安抚模式

给予安抚

回忆一下,在沟通中,我们如何给予别人安抚,主动还是被动;习惯以何种方式给予怎样的安抚,言语还是非言语,正面还是负面,有条件还是无条件,高强度还是低强度。这些特点构成了个体给予安抚的模式。因职场以言语和有条件安抚为主,参考其他分类角度,总结给予安抚的典型模式如下(见表4.2)。

表 4.2 职场给予安抚的典型模式

主动/被动	接受者的感受	强度	特征
主动	正面	高	赏识的、激励的
主动	正面	中/低	温和的、支持的
主动	负面	高	挑剔的、苛刻的
主动	负面	中/低	节制的
被动	正面	中/低	礼貌的
被动	负面	中/低	防御的、反击的
/	零安抚	/	孤僻的、自我的

除上述的典型模式，以下模式也并非不存在。有人热情似火，习惯主动给予高强度、无条件的正面安抚，见谁都是亲爱的；有人对世界充满敌意，总是给予高强度、无条件的负面安抚，看谁都如眼中钉。有常常被动给予高强度的负面安抚，火药桶般易激怒，一点就炸的人；也有在两种或多重模式间不停切换的人。想想那个情绪主导的自我状态模型（见图2.4），有助于我们理解不稳定的"多面人"。因此，给予安抚的模式绝不限于上述种种。那么你呢？你需要沟通的对方呢？你们各是什么模式呢？

接受安抚

想一想，我们喜欢、习惯或抗拒怎样的安抚？言语还是非言语、正面还是负面、有条件还是无条件、高强度还是低强度。我们对他人的安抚持怎样的态度？完全接纳还是存有质疑。我们对不接受的安抚，会如何回应？这些构成了个体接受安抚的模式。

喜欢具体、适度的正面安抚是绝大多数甚至所有人的共同特征。此外，在培训和咨询中，我们发现以下几种类型在职场中较为常见。

1. 高需求型。他们极度渴望高强度的正面安抚，需要时刻被看见、被关心、被认同。即便只是很小的成绩，他们也期待大大的安抚，否则将会感到失落。

2. 扭曲型。他们习惯接受中低强度的负面安抚，他们认为只有负面安抚才是真实的（也是他们熟悉的），而正面安抚都是虚假的、不可信的。

3. 质疑型。他们对正面安抚持怀疑态度，在他们的认知中，别人的正面安抚有隐藏目的，而且会伤害自身利益。

元先生在小组中生动地呈现了质疑型状态。

第4章 选择沟通效能

当小组成员给予元先生正面安抚时，他皱了皱眉头，冷笑了一下。

咨询师关注到这个细节，邀请他分享一下当他听到组员夸赞自己时的感受或者想法。元先生分享，小时候只要父母夸他，就一定意味着有事情，不是让他干活，就是让他妥协或放弃自己的想法。所以，他认为所有夸奖的背后都有目的，都是为了让他有所付出。

元先生由此联想到工作，面对领导的表扬，他也常会猜测，领导想让他加班还是让他放弃评优等。

4. 玻璃心型。他们拒绝一切负面安抚，表现得极为脆弱，不接受任何一点批评，会无限放大批评，常将对事情的批评上升到对人格的否定。

5. 自负型。他们同样拒绝一切负面安抚，但表现得很强势，甚至会攻击对方。因为他们坚信自己是完美的，无可挑剔的，并认为对方的批评是出于嫉妒或恶意诋毁自己。

索要、拒绝安抚等

除了给予和接受安抚，安抚模式还包括个体对安抚内容的偏爱（夸人夸到点子上、马屁拍到马腿上），个体是否会主动索要安抚（"说你爱我""夸我一下不行啊""坚决不能要，要来的都是假的"），个体是否敢拒绝不想要的安抚（"我不喜欢/认同/接受"、有怒不敢言或打落牙齿和血吞）等。

二、沟通效能

安抚模式决定沟通效能。如何评估，有以下三个标准。

1. 双方的安抚模式是否匹配？

2. 安抚是否有助于自己成长？

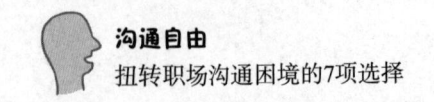

3. 安抚是否有助于他人成长？

按照上述标准，不同的安抚模式达成不同的沟通效能（见表4.3）。最理想的沟通是双方沟通模式匹配且有助于彼此成长，呈现较高的正效能；最糟糕的沟通不仅无助、无益于彼此成长，甚至阻碍、伤害双方的生存与发展，呈现较高的负效能。大部分沟通，尤其是单次或短暂的沟通，若只能一时有益于自己或他人，对方便会因为持续积累不舒服的感受，最终选择破坏关系的行为。长此以往，总体的沟通将呈现负效能。

表 4.3 安抚模式与沟通效能

安抚模式			沟通效能
是否匹配	是否有益自己	是否有益他人	
+	+	+	正、高
+	+	−	负
+	−	+	负
+	−	−	负、高
−	+	−	负
−	−	+	负
−	−	−	负、高

卜老师和顾老师同为某个领域的资深学者。卜老师每次发朋友圈，顾老师都会给予有针对性的评论以表达自己的认同、肯定、赞扬等。卜老师每条评论必回，但每次回复的内容都是：向顾老师学习。

次数多了，顾老师觉得很不舒服，之后就不再评论了。

在上述案例中，顾老师的评论是正面安抚，且强度较高；卜老师的回复也是正面安抚，但强度较低。从安抚强度的角度出发，卜老师的回复和顾老师的期待是不匹配的。顾老师认为自己针对具体内容的评论有助于自己和卜老师的进步，但卜老师的回复显然对顾老师的成长无多大益处。顾老师对于卜老师始终如一的回复感觉不舒服，但并未表达，也没有和卜老师就此事沟通，而是选择不再评论。

需要注意的是，如果卜老师习惯接受负面安抚或对正面安抚持质疑态度，很可能其对顾老师的评论有着不好的感受，顾老师的安抚并没有真正有助于卜老师进步。或者，卜老师更习惯网络世界的低强度安抚。那么，顾老师热情用心的评论与卜老师的期待亦是不匹配的。本案例由顾老师分享，卜老师的真实想法无从得知。但是，无论何种情况，从结果看，两人的关系都将变得疏远，总体的沟通为负效能沟通。

为避免负效能沟通，促进正效能沟通，我们有必要检视并调整自己的安抚模式，知晓他人的安抚模式，而后给予匹配的、有益于自己和他人发展的安抚。当然，在日常沟通中，我们不必过多思虑或苛求自己，但对于某些重要沟通或特殊情境，知己知彼必将有所助益。

检视自己给予安抚的模式，调整不利于沟通的安抚方式。如果给予负面安抚，要注意减少频次、降低强度。习惯被动给予的安抚者可适度增加主动的频次。总是处在零安抚状态者要尝试和同事、领导建立关系。

检视自己接受安抚的模式，分析及修通不利于沟通的信念。高需求型要明白做好本职工作是应尽责任，无人喝彩是常态；扭曲型要尝试开放心态，坦然接纳他人的正面安抚；质疑型不要害怕正面安抚，即使发现其潜藏目的，也可以享用糖衣，拒绝炮弹；玻璃心型要学会区隔部分与整体、事与人，并从负面安抚中发现自我提升的机会；自负型要承认"万物皆有裂缝"的事实，坚信给予负面安抚的对方是好的，并借势加固"我好"。

知晓他人的安抚模式，避免踩雷，需要给予适度、匹配、清晰、明确、具体的安抚。对高需求型，适度的正面安抚是恰当的，一味地满足并不利于对方的持续成长；对扭曲型，正面安抚一定要具体，避免夸大；对质疑型，切忌夹带炮弹，让沟通停止在赞美、肯定与认同中，万万不可因

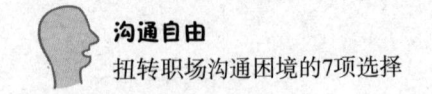

此提出额外要求；对玻璃心型，可先给予正面安抚，再给予负面安抚，并强调负面安抚是基于具体事情，而非对人；对自负型，给予越细致的有条件安抚越容易被接受，尤其是负面安抚，更要依据客观事实，反复核查，确保无误。

第三节　职场安抚金字塔

职场安抚并非全部来自人际关系，还来自企业、组织、甚至行业等。因此，我们有必要扩展视野以了解职场安抚概况。结合马斯洛需求层次模型，我们整理了职场安抚金字塔（见图4.1）。

职场最基本的安抚源于物质，包括薪资、奖金及福利等。物质安抚是个体生理和生存需要的保障，如果没有物质安抚，相信绝大部分的员工会离职。所以，只要发薪资，职场就不存在零安抚。值得一提的是，薪资绝不仅仅只是物质安抚，还可能是安全保障、价值体现与自我实现的象征。

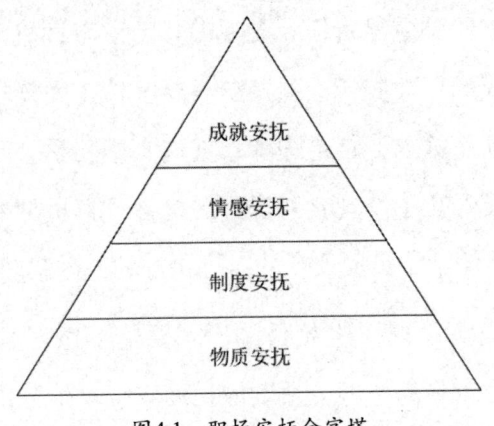

图4.1　职场安抚金字塔

（金字塔自上而下：成就安抚、情感安抚、制度安抚、物质安抚）

制度包括聘用、管理、奖惩、福利、退休等各类政策、规章等，是员工生理和心理安全保障的重要安抚来源。企业有无对老员工的保护和激励制度，员工的心理安全感和归属感是不同的。末位淘汰制曾盛行一时，其本质是负面的制度安抚，其大大削弱员工的安全感，诚惶诚恐的心理状态并不利于个体发展。当然，负面安抚也并非一无是处，末位淘汰也可以激活某类群体的斗志，在某些情境下，可以发挥特定的作用和价值。

情感安抚是企业给员工个体关心、关怀的一系列行为，它让员工深切感受到自己是集体的一分子，并提升组织集体感、荣誉感和自豪感。如同事间的闲谈、在员工生活遇到困难时伸出援手；企业为员工购买咖啡机、健身器材，举办庆生活动、团建和年会；企业在母亲节时为女员工放假半天，在父亲节时为男员工发放福利等。这些举措不仅关注员工的情感诉求，更为团队情感建设提供平台和机会，满足了个体爱与归属的需要，最终增进了员工与企业的情感，提升了企业的凝聚力。

职场最高级别的安抚是成就安抚，它包括三个方面。其一，企业在工作中给予员工更高的自由度、选择权和决定权。该行为承认员工的独特性、自主性，增强员工的掌控感，有助于提升员工工作满意度。其二，企业鼓励员工成为专业人才，成为某个领域的专家。这意味着企业看见、认可员工的潜能，并能以长远发展的视角培养员工。员工在不断提升专业度的过程中获得成就感。其三，企业赋予员工更高的职责、价值感和使命感等。这将有助于个体突破自我设限，以更宏阔的视角看待个体与集体、集体与社会、社会与人类，有助于个体在系统中探询生命意义。

任何层级的安抚都是有价值的，都是组织发展所需要并能够做到的。但组织如人，安抚模式也各不相同。在组织中，上述四类甚至更多我们未提及的安抚模式可能同时存在，也可能侧重于某一类或某几类，如物质至上或唯愿景论等。

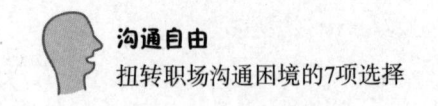

沟通自由
扭转职场沟通困境的7项选择

为实现沟通正效能，我们不仅需要知晓自己的安抚模式，还需要了解企业和社会的安抚模式。以下几个问题，尝试提供一些线索。

首先，熟知自己的安抚模式。我们假设你已完成了该功课。

其次，总结主管领导的安抚模式。对待下属，他是批评更多，还是鼓励、表扬更多？他会因为下属做什么或不做什么给予怎样的安抚，正面还是负面，强烈还是浅淡？我们的哪些行为或表现会被他忽视？有没有发现他的扳机点或死穴，只要你这样做或不这样做，就一定能引发他强烈的反馈？

再次，思考企业的安抚模式。你所在的企业鼓励或不鼓励什么行为？员工会因为做什么受到奖惩？企业有没有绝对不能触碰的底线，这个底线在其他企业或行业也是底线吗？

最后，了解企业所属文化背景下的社会安抚模式。如果你就职于跨国公司，跨文化差异必然导致安抚模式差异。如果你需要同时面对多国同事或领导，这个问题会变得更加复杂。即便汇报同一个内容，可能你的汇报方式、侧重点等都需要有所调整。如你强调个人的努力与成就，崇尚集体主义者会认为你很骄傲，进而给你负面安抚；但崇尚个人主义者会欣赏你的能力，进而给予你正面安抚。

上述信息便于我们探索个人和企业安抚模式之间的差异，找到平衡点，确保职场沟通达成正效能，建构相互成就的人际关系，建设职场发展的上升通道。

第四节　实现沟通正效能

有几种常见情形容易导致沟通负效能。我们都喜欢正面安抚，但很多人只习惯给予负面安抚，给予负面安抚时又缺乏技巧，无法做到负面安抚"转正给"。秉持"我不好"信念的接受者，容易漠视、质疑对方的正面安抚，全盘接受对方的负面安抚，常被给予负面安抚，由此强化"我不好"的信念，导致不良循环。因此，在人际关系中，多给予正面安抚，掌握给予负面安抚的技巧，建立"我好"的信念——客观看待他人给予的安抚，学会给予自己正面安抚，即能实现沟通正效能。

一、正面安抚——赞美

最直接的正面安抚是赞美，即我看见你的好。有哪些好？弗洛伊德认为人类关于自我有三大幻想：我是特别的、全能的、不可抗拒的。[1]这为我们发现他人的好提供了线索。

特别意味着我和别人不一样，我是独一无二的。这为赞美提供了第一个突破口，赞美与众不同、赞美差异化。首先，赞美对方想要刻意强调的自己与他人的不同。比如，他特别在意自己的哪些方面，并为此自豪，标榜自己是怎样的人等。对自称"吃货"者，赞美其对于食物的鉴赏能力或怎么吃都不胖的特质是适当的；对健身者，赞美其身材管理能力和自律的品质及坚强的意志是恰当的；对不太注重外表、在上下班路上都背着书的人，赞美其好学、博学是适宜的。其次，关注对方自身与以往的不同。不修边幅者突然妆容精致了；不苟言笑者突然见人微笑了；同事换了新发型

---

[1] ［美］伯恩：《人生脚本：说完"你好"，说什么？》，周司丽译，中国轻工业出版社　2016 年版。

等都可以成为赞美的素材。因为这意味着对方希望传递的某些不同，被我们看见、认同并欣赏。

全能意味着我是无所不能的，没有我搞不定的事情。虽然这只是人类自我安慰式的幻想，但并不妨碍我们以此为切入点给出赞美。在职场的向下沟通和平级沟通中，赞美别人的能力至关重要。赞美不仅会强化对方"我好"的信念，增强其自信，也为对方提供努力与发展的方向。

在某次客户冲突后，平经理对参与解决冲突的同事给予了如下反馈。

平经理："小孟啊，我看你刚才一直想办法平复客户的情绪，很有效果啊。客户只有冷静了，才能真正解决问题。你没被激怒，表现得很成熟。"

平经理："小黄啊，你刚才提出的补偿方案恰到好处，既考虑了单位的利益，也满足了客户的期待，想法很灵活，脑子转得很快啊。"

小孟和小黄的能力和功劳都被看见和认可，这强化了二者"我很能干"的信念。但由于经理的赞美内容不同，在很大程度上，小孟会更关注并努力提升自己的情绪管理能力，小黄会更在意并培养自己的创造性解决问题能力。

在职场中，有很多人并不知晓自己的能力或优势。正因为某次不经意地被夸奖，而后不断学习、持续训练，最终修炼为某种能力或优势。因此，赞美要立足事实，尽可能具体，而且赞美的能力是可以通过后天努力做到更好的。值得注意的是，宽泛的描述不易转化为具体的努力方向。不可改变、难以提升的能力容易误导对方花费太多精力而收效甚微。

不可抗拒意味着所有人都喜欢我、欢迎我、接纳我。该角度的赞美尤其适用于向上沟通，表达自己或他人对领导的崇敬，描述领导对自己或他人在工作和生活中的影响。

第4章
选择沟通效能

在职业发展剧本访谈中，有一个问题是谈谈职业生涯中影响过你的人。大部分被访谈者会谈及自己的老领导，如同在我们的生命里的父母或替代父母功能的重要他人一样，在我们的职业生涯中也有影响或指引我们的重要他人。但遗憾的是，尽管他们已身居高位，取得了一定成绩，却鲜少向曾经的领导直接表达过赞美与感激。一个原因是"挂在嘴上，不如记在心里""我不说你也应该能懂"；另一个原因是感觉自己级别低，领导会看不上自己的赞美。我们需要牢记一个事实：每个人都需要正面安抚，这是看见与认同，这是一种力量。陌生人擦肩而过的微笑都能唤起好心情，更何况这赞美与感激来自自己指点过的下属。领导也需要被安抚，正如某位高管说的："我们每天要做很多决定，承受的压力更大，我们也需要反馈、需要肯定、需要被安慰。"或许，当我们终于领悟到上级的好时，却时隔久远，不知该如何再提及。所以，真诚的赞美与感激永远被需要，而且既要记在心里，又要挂在嘴上。

和先生："在我工作四五年的时候遇到一位女老板，穆总。我记得有一次为了冲业绩拿销冠，我悄悄提高了客户季度产品方案中高价产品的比例。凭借客户对我和公司的信任，这事肯定没问题。但当我把产品方案拿给老板时，她将比例调了回来，并且和我说'站在客户角度，真诚地为客户解决问题，和客户共同成长才是长久之道'。我没拿到当月的销冠，很是气愤。但折腾几年后，才真正明白穆总说的'小聪明小收获，大智慧大收获'。后来，在工作中遇到类似抉择，我常想，如果是穆总，她会怎么做？就这样，我有了今天的成绩。所以还挺感谢她的。"

咨询师："因为她修改了方案，阻碍了你拿销冠，你很气愤。当时对她有什么看法吗？"

和先生："当时我觉得她是个女人，胆子小，跟着她没前途。"

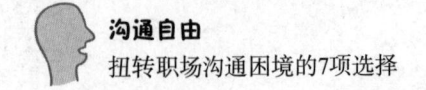

咨询师："听得出现在你是感谢她的，那你有告诉过她这些吗？"

和先生："没有。事情过去了这么多年，我很早之前就离职了，我不知该怎么说。"

在随后的咨询中，我们建议和先生以自己舒服的方式将这段分享反馈给穆总，如果拜访过于隆重，打电话不好意思开口，发送微信或短信也可以。后来，和先生给穆总发了短信，穆总很感激他的反馈。他们重新建立了关系，并有了新的合作。正如我们始终秉持的信念一样：正面安抚永远被需要。

如果你觉得对方一无是处，毫无可赞美之处，那么想想第三章最后的专题——"我好，你好"思维训练圆环。请坚信，无论对方是怎样的一个人，无论是怎样的负性事件，我们都可以找到给予正面安抚的视角。

二、负面安抚——批评与指导

最常见的负面安抚是批评，如"你这点做得不好""你这样做不对""你怎么能这样"，甚至像"你这个人总是这样""太差劲了"这样的批评。无论它是具体的还是宽泛的，针对人的还是针对事的，其主旨都在表达"我看见你的不好"的观点。

另一种情形是，当人们以控制型父母状态指导他人时，容易呈现"我好，你不好"的沟通态度。比如，一边指导一边说："这多简单啊，你居然不会，我说过多少次了，这个问题要如何处理。"

接受负面安抚的感受自然是不好的，但给予负面安抚者通常也很委屈，他们常会说"我也是为你好""换别人我还不说呢"……如果我们持有"我好，你好"的信念，将理解并相信批评和指导的初衷都是"我想帮你变得更好"。因此，为避免给对方带来"我不好"的感受，我们要尽量将负面安抚转换为正面安抚，再给予对方。

怎么转换？同样都是下属的工作汇报做得不好，让我们听听以下四位经理的回应。

萧经理："我说过多少遍了，你还不知道报告该怎么写吗？这种水准就敢拿出来？"

尹经理："这报告一看就没用心。抛开能力不谈，你这工作态度就有问题！"

姚经理："你的报告我看了，我圈的几个地方，你想想有没有更好的呈现方式？有什么想法，我们再讨论。"

邵经理："你的报告内容不错。结构像这样调整一下，你觉得会不会更好？我修改了一个图表展示，余下的你自己参照着修改。另外，提交上会的文件，一定要注意细节，如错别字、排版等，都再仔细检查一下。"

假设汇报文件做得不好是客观现实，而非经理们的偏见。

萧经理和尹经理的回应是批评，但二者表达的重点仍有区别。前者意在"你能力不行"；后者强调"你态度不行"。显然，这两种回应都表达了"你不好"的态度。对方接收的信息不具体，往往不知道如何改进，容易产生无助感，无助感又常衍变为愤怒、叛逆，甚至自暴自弃。

姚经理和邵经理的回应是指导。前者旨在指出问题，剩下的让对方自己思考；后者侧重更高效地解决问题，"我做给你看，你参照我的样子做"。二者给出的指导都是具体的，但适用群体不同。前者更适用于自然型儿童状态或成人自我状态主导者，他们可以充分施展创造力，发挥思考力。后者更适用于适应型儿童状态主导者，他们顺从，会严格按照领导的指示完成任务。

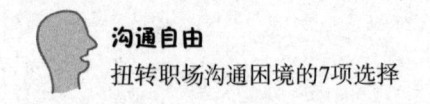

由此可见，将宽泛、笼统的批评转换为具象、具体甚至示范性的指导，即可以将负面安抚转换为正面安抚。

关于批评，著名的三明治法则告诉我们：把批评夹在表扬和期待中间。用安抚理论将其拆解：正面安抚+负面安抚+正面安抚。但安抚是有强度差异的，如果负面安抚强度的绝对值大于两个正面安抚强度的绝对值之和，总体沟通的感受仍然是不好的。比如下面这个"三明治"。

在你的报告中，个别内容还是不错的。就是结构太乱了，完全看不出逻辑和重点。可见你压根就没用心思考，完全就是堆砌素材！不过，我相信你能改好。

因此，即便在三明治的结构中提出批评，也一定要具象、具体，客观描述存在的问题，不夸大其词，聚焦问题本身，不泛化到能力或态度，更不要上升到人。如果自己的确很擅长解决该类问题，且对方处于适应型儿童状态，做出示范是恰当的。另外，在表达期待的同时，还需表达"我愿意帮助你""我会一直给你提供支持"的态度。如此，便形成了指导工作的闭环：指出问题、示范解决、鼓励尝试、给予反馈。

三、寻求安抚——外寻、内求与发展

持有"我不好"的沟通态度者，很难实现沟通正效能。原因不再赘述，如何将"我不好"修正为"我好"是本节重点，为此，我们提供了三条路径。

第一，外寻。

积极寻找给我们正面安抚的朋友，通过他们确认"原来我是好的"。一类朋友是无条件给我们正面安抚的人。无论我们做什么，他们都说我们特别棒，我们真的很好，我们在这方面一直很努力等。这类朋友让我们确信"我真的是好的""我一直是受欢迎的、有能力的、努力的"。另一类朋友是当下可能会让我们不舒服，但从个体发展的角度，是有助我们成长的。他们会具体指出我们的短板、偏见或狭隘之处，告诉我们还可以在哪些方面得到提高，提供给我们更多的视角，让我们看到更多的可能……尽管这些逆耳忠言在当下可能会引发你的不舒服，很像负面安抚。但是，如果我们能用"我好，你好"的沟通态度看待他们的反馈，便不难发现，能够指出我们自身不足的朋友，其实能够帮助我们变得更好。

有必要指出的是，我们还需学会拒绝、远离总给自己负面安抚的人们。他们在职场中可能表现为负能量爆棚、太过依赖或自负、控制欲或攻击性过强等。当然，有时候我们没有办法远离，那就降低对他们的期待，学会拒绝他们给出的负面安抚。

第二，内求。

发现、记录自己的好，通过它们积累、稳固"我好"的信念。具体做法参考如下。

1. 记录你的成绩，无论它们有多微小。如完成一次拜访，控制住想要爆发的脾气；完成一场公开演讲，表达真实感受等，所有这一切都证明你很好。

2. 记录带来好的感觉的言行或特质。如在某次沟通中，你发现自己的共情能力还不错；畏惧权威的你终于敢直视大老板的眼睛了；经历过世态炎凉，你依然善良等。所有这一切都是你的好。

3. 辩证地看待自己的"不好"。每个特质都是一体两面，看到消极面的同时，也要看到被忽视的积极面。拖延可能意味着内在的高标准，懒惰或许只是有所不为的选择，社交冷漠也许看透了关系的本质等。想一想，你一直认为的"我不好"是不是也有好的一面，它们对于你的成长，是不是也有一定的积极作用，所有这一切都可能是你的好。

4. 看见自己，照顾自己。我们常漠视甚至打压自己的情绪或需要。为了照顾他人的感受，假装自己很开心；为了满足他人的期待，压抑自己的真实需求。我们需要学会心里有自己——"我不开心""我要离开""我累了""我需要休息"。学会自己照顾自己，允许自己不那么努力，接纳自己是不完美的，满足自己并不过分的需求，追逐一直渴望的梦想……看见意味着自己是重要的，照顾意味着自己是值得的，所有这一切都在表明你是好的。

（本章最后的专题将陪你探询你的好。）

第三，发展。

如果面对既定现实，很难改变自己的看法与态度，着眼过去和当下的外寻、内求仍无法帮你建立"我好"的信念。那么，着眼未来的发展视角提供了建立"我会越来越好"的希望。即便过去很糟糕，现在也不尽如人意，但坚信"我将来一定会好"能带给我们力量，支持我们走上"我好"之路。

基于职业规划，发展自己的能力与特长，让自己在某个领域越来越专业。这不仅是安身立命之本，更是实现自我价值之途。随着经验的丰富，专业能力的提升，工作效率和回报都会提高，成就感自然提升。这是最现实、不容驳斥的"我好"。

基于人生体验，发展自己的兴趣和爱好。在参与、投入的过程中激活内在创造力，建立关系，体验快乐、愉悦和成功，惊叹创造之魅力，感受生活之美好。这种愉悦与满足，是内心抑制不住、掩饰不住的"我好"，是人生值得，活着真好的由衷赞叹——"世界好"。

第4章
选择沟通效能

　　我们用很长的篇幅探讨如何建立"我好"的信念，是因为只有我们确信了"我好"，才容易发现并真正相信"你好"，这是实现沟通正效能的根基。也因为只有我们学会了自我安抚，才能真正独立成长，才懂得如何恰当地安抚他人，这是实现沟通正效能的具体方法。

沟通自由

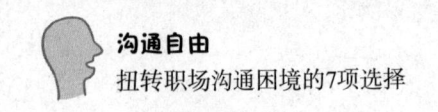

扭转职场沟通困境的7项选择

成长专题 3 重拾"我好"力量——自我安抚冥想体验[1]

我们的内心有很多很多的小箱子,装着成长过程中的记忆碎片。它们或沉重,或轻盈;或悲伤,或欢喜;或完整,或零碎。

其中有一个箱子,上面写着"我好"。它装着让我感觉很好的记忆,有赞美、表扬、肯定等。通过它们,我感觉自己是有价值、有能力的;是被爱、受欢迎、被喜欢的。这个箱子让我相信,我是好的。

这个"我好"的箱子,它是空的还是满的?我们把它摆在记忆中最显眼的地方,常打开看看,不断增加新的记忆,还是将它遗忘在记忆宫殿的角落,很久没有为它增添新素材,任它落满尘埃。

接下来的7天,我将陪你一起,打开这只写着"我好"的箱子,看看里面有些什么。我也将陪你一起,整理记忆宫殿的过往,将那些散落的"我好"一并邀请到"我好"的箱子里。

7天,7个主题。

1. 环境。你如何看待生存与成长的环境,环境给予你哪些滋养?

2. 情绪。你常有哪些情绪,情绪如何帮助你更好?

3. 行为。在记忆中,你曾因做了什么而得到过表扬或肯定?

4. 能力。想想,你有哪些不错的能力,它是否帮助你做得更好?

5. 信念。那些曾鼓励你走出困境的信念,今天还能带给你力量吗?

6. 身份。你是谁,你为你的哪个角色骄傲,又被谁深深地需要?

7. 自由。你是自由的,你可以自由,如果你理解了自由的真正含义。

---

[1] 本音频内容由施秀梅和郑艳芳共同创作。

第4章
选择沟通效能

你可以选择从任何一个主题开始，也可以选择一个或多个主题阅读、自由联想、思考或跟着我们的声音进行冥想练习。

7天，"我好"的箱子会更丰盈，发光。

7天，我们会更有力量，悦纳世界的不确定。

现在，你准备好了吗？

（扫描下方二维码，收听7天自我安抚冥想音频）

第5章

选择沟通风格

沟通自由
扭转职场沟通困境的7项选择

引：

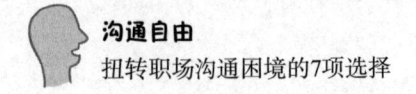

跟你说话真费劲！

"跟你说话真费劲！"

"你以为呢，跟你说话才费劲！"

我们常用"频道不同"解释上述现象。沟通中的双方就像一个是文艺频道，一个是财经频道一样，不仅不熟悉对方表达的具体内容，而且不习惯甚至排斥对方的沟通风格。

什么是沟通风格？

有条件正面安抚中的"条件"如果被反复强化，会形成一种信念：必须/应该/只有这样才是对的、好的。这种信念深深影响个体的言行，并在沟通中形成鲜明、独特、直观且易识别的风格。

汪小姐任职某机关宣传科干事。其所在单位刚完成一项公益活动，领导祁主任安排她把这件事情整理一下，写一篇新闻通稿。于是汪小姐熬夜把新闻稿赶了出来。第二天一上班就交给了祁主任。

第5章
选择沟通风格

祁主任看了一眼新闻稿，把稿件往桌子上一摔："作为一名文字工作者，你写的这是什么？排版排成这样，还有错别字，这样的稿件让别人怎么看？"

汪小姐觉得委屈至极："您昨天下班交代的任务，我熬到凌晨三四点才整理出来。您看都没看内容，就批评我。再说了，新闻不就是要发布得快吗？我花几天时间慢慢写，写出来还有什么新闻价值？"

在上述沟通中，祁主任在意的都是细节：排版不美观看不下去，有错别字说明专业度不够。尽管他没读内容，却由细节推及整体，给出了高强度的负面安抚。因此，祁主任可能有"文字工作者就应该没有错别字、只有细节完美才是好的"的信念。汪小姐从新闻的角度出发，追求效率，所以她熬夜，可能都没来得及检查，就在上班的第一时间交给主任了。她最核心的信念可能是新闻就应该快、对于领导交代的任务只有快速响应才是好的。尽管领导可能并没有认为该任务的定位是新闻，而且并未明确交稿时间，也恰恰因为要快速交稿，所以在接收任务时，汪小姐并没问清具体要求。上述情境，我们认为是沟通风格差异导致的发生冲突。

可见，沟通风格不同的本质是个体对人、事的关注点和秉持的信念不同，回应的角度与方式也不同。因此，沟通风格不一致易导致沟通冲突——你认为这样是好的，我却认为那样是对的。这不仅会降低沟通效率，还容易导致个体的偏见：喜欢沟通风格一致者，排斥沟通风格相异者。诚然，风格一致的沟通，效率会更高，感受会更好，甚至能实现最理想的沟通境界——虽然我说不清楚，但你能明白，甚至我不说，你也懂。但高度的风格一致也有弊端，单一视角再极致，也无法回避整体需求失衡导致的潜在风险，更无法以全局视角思考、评估事态并采取更恰当的行动。

沟通风格犹如心理人设，既是个体鲜明的特征：我是这样或那样的

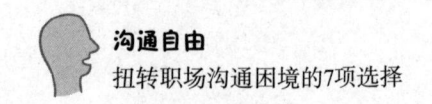

（有助于我们被记住，被识别），也是对个体的限定：我只能这样或不能那样（制约了我们的发展，阻碍了生命的丰盈）。

了解自己的沟通风格，审视支撑沟通风格形成的信念的价值及适用性，依据不同情境选择适度遵从或理性降低主导信念的力量，有意识发展并不凸显的风格，拉长短板，建构平衡。我们还需要观察、判断他人的沟通风格，辩证看待不同风格的优劣势，选择恰当的沟通方式，扬长避短地和对方沟通。

第一节　五种典型沟通风格

驱力（Drive）理论是理解沟通风格的途径之一。

驱力是个体反复呈现的行为特点，其受一系列应该甚至必须做到信息的驱动。[1]即我们内在都有一个或几个坚定的信念，如"我应该这样做""这样做是好的""我只有这样做才是正确的"。在这些信念的驱动下，即便沟通情境不同，我们的反应与行为却异常雷同，并形成自己的独特风格。

尽管学术界对驱力来源并无定论，我们仍认为社会文化的影响和教育的共同作用会强化个体的驱力。我们生存的大环境潜移默化地告诉我们怎样做是对的；在我们生活的小环境中的重要他人耳提面命、谆谆教导我们应该如何做人做事。这些信息碎片被归类为正确的、好的，成为驱力的重要来源。

---

[1]　［英］艾恩·史都华，［美］凡恩·琼斯：《人际沟通分析练习法》，易之新译，张老师文化事业股份有限公司　1999年版。

第5章 选择沟通风格

所以，驱力是生存策略，它告诉我们如何在这个世界生存，如果不遵守这些应该的规则，可能会被毁灭；驱力亦是发展策略，它指导我们怎样才能活得更好，参照这些要求，达到这些标准，我们会更受欢迎，会得到爱，会成功。

在努力更好地生存与发展的群体中，常见五种典型驱力。以下案例可帮你建立对它们的感性认识。

在跨部门会议中，湛总介绍了公司的新项目情况。

湛总："公司的新项目呢，大致就是这么个情况。现在听听各部门都有什么想法或计划，有疑问可以提，大家畅所欲言啊。"

A："领导，那我先说啊！我觉得这个项目很新颖，是片蓝海，应该抓紧运作起来。等同行都看到机会，咱们就被动了。咱们现在应该立刻启动，不用再讨论了。"

B："我个人对新项目还是挺感兴趣的，听起来很有可能会创造一个大的新利润增长点。我们部门目前运作平稳，我很愿意抽调一部分人，牵头投入到新项目。"

C："关于新项目，我个人可能有些不同看法。当然，我不是针对两位总监啊，我是就项目而言。对于新项目，我觉得有三个关键问题，可能还需要多一些讨论，第一……"

D："我觉得三位总监说得都特别有道理。这两年市场变化大，咱们公司的确需要用新项目激活一下。既然是新项目，就得边干边完善，所以也确实有些细节需要讨论。我们部门听从公司安排，领导说怎么干，我们全力配合。"

湛总："嗯，你们的想法和态度，我都明白了。E总监，你呢？你也

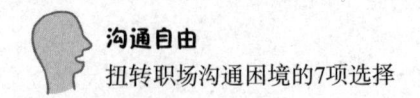

沟通自由
扭转职场沟通困境的7项选择

说说。我知道如果新项目启动，你们的任务最重、压力最大，有什么想法你说说。"

E："我没什么要说的，既然新项目对公司的发展这么重要，我们责无旁贷。"

在案例中，A以最快的速度建议新项目要提速；B表达了自己的兴趣；C描述了自己对新项目的思考；D用观点回应并安抚了前三位同事，用支持的态度安抚了领导；E表达了自己的担当。他们形象地展示了五种不同的驱力（沟通风格）。

一、要坚强

要坚强（Be strong）者相信：哭泣是没有用的，我必须强大。所以无论怎样大的责任和怎样痛苦的经历，他们都表现出一副"我可以"或"我很好"的样子。他们表现得冷静、理性，能很好地处理危机事件及紧急事务，刻意隐藏自己的感受，不轻易呈现脆弱柔软的一面。因此，他们显得太过独立与封闭，身边的人常常感受不到被其需要。

案例中的E，他的驱力可能是要坚强。尽管领导已经说了"你们的任务最重、压力最大"，他的回应直接越过领导的关怀，未表达一句感受或意见，直接是"责无旁贷"的担当。

被要坚强信念驱动者冷静、有担当，泰山崩于前而色不变。公司有重大事件或遭遇危机时刻，他们都是最佳的托付人、最靠谱的承担者。但他们通常表现得较为冷漠，有较强的疏离感。另外，从自身角度出发，过多的担当导致工作超负荷，只相信自己导致不会或不愿求助，最终把自己累垮。那些只有病倒或遭遇意外才不得不休息的人，大多是要坚强的风格。

二、要完美

要完美（Be perfect）者相信：只有做到完美才能证明我是好的，才有人喜欢我。因此他们追求尽善尽美，不接受瑕疵，永无止境地想要更好。他们会为了追求极其微小的细节而耗费巨大的精力，也会为了一点细微之处的不满意而否定全部，无论对事对人，还是待己待彼。

C的驱力可能是要完美。他表达了对项目的看法，又害怕惹前两位同事不满，特意做了解释。他的发言可谓字斟句酌，有理有据，展现了力求面面俱到的视角以及缜密的思考。其很可能会坚持新项目必须绝对想明白、理清楚才能开始。

在新闻稿案例中的祁主任表现出的驱力亦是要完美，因为他为了排版和错别字全面否定了汪小姐的能力与付出。

被要完美信念驱动者擅长提供高标准、高品质的工作成果。但他们往往挑剔、苛求，会因为准备不够完美迟迟不肯开始行动，又常因为完成得不够完美而拖延时间。他们懂得二八定律，但依然会把大部分精力消耗在对结果无重大影响的细枝末节上。同时，他们不接受自己是不完美的，所以任务再小，他们也会把自己搞得很疲惫，也会因为结果中的瑕疵产生不好的感受，即便其他人对他的评价都是好的。

三、要努力试

要努力试（Try hard）者相信：只要我努力了，我就是好的。他们能量充沛，对新鲜事物充满兴趣，会主动热情地尝试很多事情。但他们不太关注结果，热情和兴趣会很快降温，因此很难坚持到最后，常表现出三分钟热度。他们会同时做很多事，但好像哪一件事都没能好好做，很少享受到

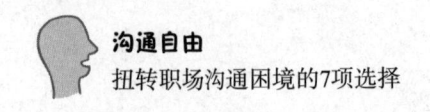

成功的喜悦。

要努力试和要努力或努力不同。后两者是真正的努力，而前者的努力往往是做给别人看的——"你看，我已经很努力了，你还能说什么呢。"

B的驱力可能是要努力试。他表现出热情洋溢，跃跃欲试状，但很可能欠缺对新项目的深度思考。他真正的想法很可能是：管它怎么样，尝试新东西总是好的。

被要努力试信念驱动者能迅速接受新事物，有较强的创造性和开创精神。但他们容易放弃，因此常体验到挫败感，现实层面的收获回报会较低些。

四、要取悦他人

要取悦他人（Please others）者相信：只有让别人高兴，他们才会喜欢我，我才是好的。他们很会为别人着想，希望能为别人的感觉负责。因为他们太在意别人对自己的态度，所以常常委曲求全，不会拒绝他人，因为极力想让身边的每个人都开心满意，所以常会忽略自己的需求和感受。

D的驱力很可能是要取悦他人。他的反馈并未涉及新项目本身，而是逐一安抚了同事和领导。这样的回应照顾了他人的情绪感受，让人感觉温暖友好，他的初心很可能是大家在一起，都要开开心心才好。

被要取悦他人信念驱动者善于创建融洽的关系，能胜任与人打交道的工作，会快速融入新团体。但他们往往过于在意他人的感受，所以会委屈自己，并因过多考虑人的因素而不够客观、理性。

五、要快

要快（Hurry up）者相信：只有快才是好的。他们动作快、说话快、做事快，他们总是忙忙碌碌，一直停不下来的样子。

A的驱力是很明显的要快。他快人快语，不仅建议新项目要立马启动，而且抢先发言，一切听起来都像赶时间一样。

在新闻稿案例中，汪小姐表现出的驱力亦是要快。在没有问清任务截止日期的情况下就连夜把稿子赶出来，一大早没来得及检查就快速提交给领导。

被要快信念驱动者有极强的执行力，可以同时做很多事，而且效率较高。但他们为了快，常会降低标准、缺乏耐心。

大部分人兼具多种风格，在特定情境下以某种风格为主，其他风格为辅。需要注意的是，职场高危人群通常表现为"驱力三高"。一种情况是，个体兼具"三高"特质，如同时要坚强、要完美、要努力试。无论在生活还是工作中，他们都期待并有能力迅速进入新领域，并主动承担很多责任，凡事亲力亲为，力求尽善尽美。这就很容易导致现实和心理压力过大，永远不能让自己满意或积劳成疾。另一种情况是，某些特定职业或岗位要求从业者兼具多种风格。如医院急诊科从业者，他们必须要快、要坚强、要完美。这本身已对医护工作提出了高要求，成为一大压力。他们又常因无暇顾及患者家属的感受被投诉（要取悦他人的驱力很低），人际关系冲突成为另一大压力。两种压力并存，严重威胁他们的身心健康。

简言之，过高或过低的驱力都无益于我们的身心健康与发展。

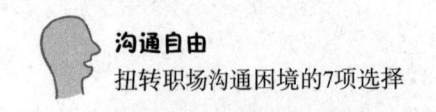

沟通自由
扭转职场沟通困境的7项选择

第二节　识别沟通风格

通常，我们更容易接纳、理解与自己风格相似者，与其沟通也更顺畅。若对方沟通风格与自己差异较大，我们则需要花费一定的精力去理解对方——"他是怎么考虑的，为什么会这么做"等。识别沟通风格为我们理解他人提供了一条捷径——因为对方坚信怎样是好的，所以才会这样想，才会这样做。知晓自己与他人的沟通风格，可有效降低沟通的理解成本，减少沟通冲突。

识别沟通风格，有三种方法可以借鉴。

一、观察法

每种风格都由一系列特定的言语、语调和面部表情组合而成。这为我们观察和识别自己和他人的工作风格提供了便利条件。

要坚强者的肩膀永远是挺直的，就像做好了准备随时担负重任一样。他们常说"我很好""我没事""我都可以"。当他们谈到和情感相关的话题时，他们会用"我们""人们""大家"代替"我"，以便把自己隔离在群体背后。所以他们通常面无表情，就像内心波澜不惊一般。

要完美者会努力表现得轻松、优雅，用尽全力让自己看起来毫不费力是他们的真实写照。在沟通中，他们始终努力保持声调的不高不低与姿态的平衡、目光的恰当。他们喜欢使用插入语，如"你可以这么说""就像我们都知道的一样""正如大家说的那样"等。他们还会加入修饰词，如"可能""当然""也许""肯定"等。他们喜欢使用数字或字母开始自己的表达，如"我主要分享三点""有四个关键点，我认为需要讨论"等。

要努力试者总是充满激情，喜欢用"试"这个词，如"让我试试看""这很有趣，我可以试试"等。但需要注意的是，他表达的意思是，他会试着做，但不一定真的会做。

要取悦他人者会表现出一种低自我价值感。他们给予别人正面安抚的同时，会给自己一个负面安抚。如"这件事您安排得太完美了，我什么时候能像您一样能干""老师您这个课程讲得特别好，特别实用，但是我真的感觉我做不到"等。他们常常询问别人，"你还好吗""你感觉怎么样""你有没有要表达的"等。在沟通中，他们通常身体前倾，靠向他人，当他们注视别人时，眼睛会稍稍往下，给人感觉有些紧张。

要快者快人快语，走路带风。他们常说"差不多就行了""别要求那么高""这样就很好了"等。他们的口头禅是"快点""急死了""没时间了""来不及了"等。在沟通中，他们会频繁地看时间，不停改变凝视的方向，显得很急躁。

看看下面这个案例，她们各是什么沟通风格？

毛女士站在禹女士身旁，拿手机不停地看时间，说道："差不多就行了，别改了。说好12点发给人家，现在都已经12点了。"

禹女士纹丝不动，充耳不闻，边专注地修改边说道："1.5倍行距间隔太大了，不好看，我试试1.25倍。"

毛女士："这能有多大区别啊，谁能看得出来啊。这样就很好了，赶紧保存发给我吧。"

禹女士："嗯，这样美观多了。我再整体过一遍，等一下。"

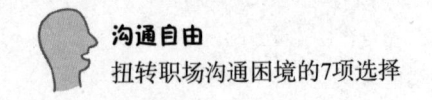

二、倾听法

倾听对方自夸的内容或以自己的哪些特征为傲，如"我这个人做事向来严谨，一般人挑不出毛病""我做这件事纯粹是个人兴趣，图个新鲜、好玩，结果是什么，挣不挣钱都不重要"。

倾听对方的自我抱怨或反思，如"唉，我就是太在意领导的态度了，他脸色一变，我就不敢说了"。

倾听对方会因为他人的特征或做了什么给予正面安抚。如"那孩子不错，不怕事，能扛事。年轻人，能有这胆识和担当，很难得"。

倾听对方会因为他人的特征或做了什么给予负面安抚。如"那谁不行，做事毛毛躁躁的，一点都不沉稳"或"他啊，他不行，磨磨唧唧的，看他做事急死个人"。

三、内省法

内省法和倾听法类似，只是内省法指向自己，通过倾听、觉察自己的期待和担忧来识别自己的沟通风格。如接到一个任务，你会对自己提什么要求；完成一件事，你特别期待别人夸自己什么？特别害怕别人批评自己什么？这些期待的、在意的、害怕的，可能就是你的主导风格，你坚信这样才是好的。

还有一种情况，有些针对你的批评或负面安抚，你根本不在乎。这是你并不突显的驱力，是你排斥的沟通风格，根源是你并不认同该观点。如对方批评"你太磨叽了"。要快驱力较弱者会觉得无所谓，其内心声音可能是"反正我也不觉得快是好的"；要完美驱力较高者甚至会不屑一听，其内心声音可能是"你倒是不磨叽，就是干活没品质，粗糙！"但要注意的是，我们排斥的往往正是自己需要提升的，这也是识别自我沟通风格的意义之一。

第三节　沟通风格冲突

风格过于单一、刻板或极端很容易导致沟通不畅。这种情况源于具体工作，需要兼顾三个因素：组织的需要、管理者的期待和执行者的要求。任何两个因素间的冲突都会导致沟通不畅（见图5.1）。

组织的需要是指组织发展视角，每个项目或任务的作用或价值不同，因此完成的要求和需要关注的侧重点也不同。有的任务重要但不紧急，有的任务紧急但不重要；有的任务重在态度和过程，有的任务就需要死磕细节。

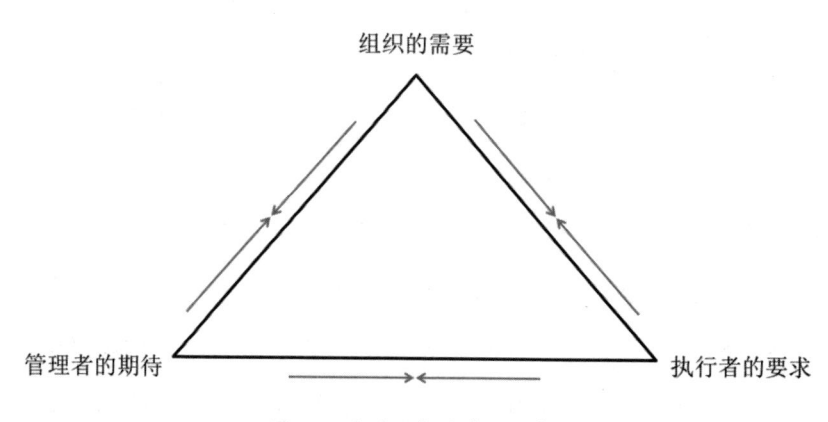

图5.1　沟通风格的冲突要素

管理者的期待是管理者基于工作任务的公私两方面的价值和意义进行评估，有意识或无意识提出的要求或完成标准。如有些任务在组织层面是急迫的，但管理者并未将其定位为紧急任务，或管理者本身"要快"的驱力极低,因此很容易让下属或具体的执行者认为该任务并不着急。

同样,执行者对工作任务也有自己的判断,并被个人的驱力驱动。因此,在具体完成过程中会遵从自己内心的要求。

我们以一个案例简略感受其中可能的冲突。

狄总是某平台销售部负责人。有一天,他收到主题为"企业文化建设讨论"的会议邮件,他眉头一皱,在心里嘀咕了一句:"整天搞这些虚头巴脑的。"尽管如此,他还是按时参加了会议。

CEO米总首先进行一段高屋建瓴的开场白:"企业文化是企业的精神文明,是企业持续发展的动力与灵魂。我们公司已经走过了原始的生存期,到了要用文化推动发展的阶段……但是很多一线同事无法正确理解企业文化建设的重要性,这点需要大家警惕。所以,今天我亲自主持这个会议,希望大家都能高度重视,积极配合品牌部的工作。"

狄总一听这话,心想:一线同事不就是自己吗?这不是暗指,简直是明说。一开始就被批评的滋味可不大好受,必须得说点什么。

狄总:"米总说得对,但凡优秀的公司都有优秀的文化背书,我们特别赞同,特别支持。只有企业文化做好了,公司知名度大了,我们一线销售就真的省力了。今年我们销售部真的是太难了,受经济下滑、市场低迷的大形势影响,出口目标更加艰巨,能否完成50%都不确定。销售部是公司的生存命脉,我们的责任和压力太大了。整个团队每天都在思考怎么提升业绩,所以对企业文化工作可能支持得比较少,如果有配合不到位的地方,还请米总和品牌部见谅啊。"

米总:"这半年销售部的确辛苦了。但企业文化建设是公司发展的战略任务,我们都要全力参与,不能以任何理由为借口。贝总,你把大家需要做的事情具体说说。"

贝总:"目前我们正在征集企业文化案例,要求各部门于本周五前至少提交3篇案例。今天是周四,有几个部门还一篇没交,这会影响我们的进度。还希望各位总经理、总监在会后能第一时间和部门同事强调,务必在明天下班前提交案例。"

会后,狄总把部门助理明小姐叫进办公室。

狄总:"明助理,品牌部正在征集企业文化案例,我忘了这件事,你搜集整理下明天交给他们。注意啊,要让他们感受到我们很重视,很配合。"

明助理一直认为自己的工作过于琐碎,价值感低,并希望有机会展示自己的专业能力。她感觉该任务比做报表更有趣,便立马热情洋溢地和品牌部同事联系,问清案例整理的要点、注意事项以及其他具体细节要求等,并征得品牌部同意将时间延迟到周一上班前提交。明助理利用周末时间整理案例,却发现这件事没自己想象得容易,也不是很有趣,于是心生抱怨:"真烦,什么破事都让助理做。"最后,她烦躁地整理了3个案例,赶在周一上班前交给了品牌部。

在上述案例中,对公司而言,企业文化建设的任务重要但不紧急,因此米总期待大家都能积极参与、勇于担当(要坚强)。但对品牌部而言,该任务既重要又紧急,因此贝总期待该任务既要有成果(要完美),又要高效(要快)。对销售部而言,该任务既不重要也不紧急,因此狄总忘记了这件事,只是在老板发话后意识到需要呈现出好态度(要取悦他人)。这里的好态度并非真正的担负责任,仅仅是为了让老板高兴。明助理有自己的小心思,希望有机会尝试更专业的任务,因此表现出要努力试的驱力。但是这里的努力也不是竭尽全力地做好,只是看起来很努力。

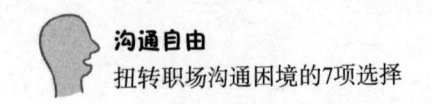

沟通自由
扭转职场沟通困境的7项选择

因此，上述案例体现了公司和销售部、品牌部和销售部、狄总和明助理间等多重冲突。冲突不仅导致任务的完成质量大打折扣，也影响跨部门、上下级间的关系，阻碍个体和组织的发展。

第四节 优化沟通风格

优化沟通风格可有效降低沟通冲突，包括内在信念、观念优化与外在言行表现优化。具体有三个维度，一是自我维度，我们既要塑造、展现自己的风格，又不能拘泥于单一或某些特定风格，正所谓有风格亦可变；二是关系维度，我们要辩证看待不同风格，去除偏见，对于他人风格，善用其长，助其补短，实现人与关系共成长；三是目标维度，我们要在任务、自己和他人风格间建构一种平衡，寻找最佳组合，实现优势互补，最终促成目标的完美达成。

一、自我维度——追求不苛求

职场人要有自己的风格。

风格是职业态度、价值观的潜在沟通。当你塑造了鲜明的风格，无需开口，别人已清楚你的信念、观点，并可预测你的回应以及结果。这为良好沟通奠定了基础，省却了麻烦。风格是个体职业形象、印象或人设的一部分。即便你不在场，当领导或同行提及你时，他们对你有怎样深刻的印象，他们如何看待你、评价你，他们认为你最胜任什么，有哪些机会使他们想起你？这些就是风格的正向价值和作用。

对于职场新人或职场小透明，塑造自己的风格极为关键。无论是努力

第5章 选择沟通风格

向上、有担当能扛事,还是完美主义、高效率,这些风格都很好。此外,其他让你发展得更好的信念或特质,你都可以强化并让别人看到它、记住它。这有助于使你在人群中凸显出来。

随着职业阶段变化,尤其当你晋升到管理层时,发展与整合自己的风格比塑造单一风格更重要。这意味着你风格鲜明,兼容并长,不仅自己能力强,亦有能力组建、带好复杂多样化的队伍。此外,塑造个人沟通风格还要考虑所属行业、职业、企业甚至具体岗位的要求,以及个人的内在需求。比如,同为医护行业,医生的风格均有要坚强、要完美的特质,但急诊科医生还需速度快,护士还需兼备要取悦他人的特质(能够安抚病人和家属情绪)。

有风格固然好,但风格过于僵化便会成为束缚——把自己捆绑在"只有""只能"或"必须""应该"的框架里,忽略了自己永远都有选择的真相和自由。这些束缚具体表现在以下四个方面。

1. 带来现实和心理层面的双重压力。这意味着"如果我做不到那样,我就是不好的"。但现实往往就是,我们拼尽全力也无法尽如人意。如要坚强者忽略自己的实际承受能力,无休止地包揽责任,导致工作总是做不完的现实压力和自我否定的心理压力——"我不能承认自己不行,别人会说我软弱,我应该更坚强点"。

2. 导致工作效率下降。为了维持风格,我们可能会漠视或无法选择更好、更高效的方式。如要坚强者很难开口求助,一个人默默承受;要完美者为了追求1%的细节,耗费超过99%的精力。

3. 制约个体的发展。受限于风格的驱动,我们可能会忽略、放弃其他的可能或困囿于固定模式,从而阻碍个体发展。如要完美者会因为害怕不完美而放弃尝试新领域或新任务;要努力试者可能会频繁浅尝辄止,最终

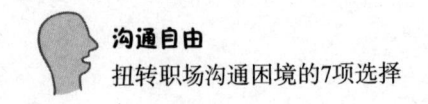

无功抱憾。

4. 造成对他人的偏见。这意味着"只有我这样才是好的,你那样是不好的"。如要坚强者永远无法理解要取悦他人者的好意,后者也会怨怪前者的冷漠。

因此,我们追求个人风格,但切不可苛求太过极致的风格。如果风格已经伤害了我们的身心健康或人际关系,我们可以通过修正内部对话降低其负面影响。

要坚强者学着开放自己,表达感受。为自己输入不同的观点——"开放自己不一定会受伤""表达感受不是脆弱的表现"。鼓励自己采取不同的言行——"我可以寻求帮助"。给自己更多的允许——"我可以示弱""我可以求助""我有权力让自己轻松、舒服"。

要完美者尝试接纳自己的不完美,因为不完美才最真实、最美好。在苛求自己时,对自己说"我已经足够好""不用事事尽善尽美""80分已足够好""60分刚刚好"。在苛求他人时,提醒自己万物皆有裂痕,那是光照进来的地方。

要努力试者想办法集中精力和能量,专注某件事。在再一次想开始新任务前,对自己说"一件一件地完成""享受完成的喜悦"。在想要放弃时,对自己说"关注结果,把事情完成就好"。

要取悦他人者回归自身,听见自己的需求和感受,并表达出来。在总想照顾他人时,对自己说"我可以考虑自己""尊重自己、照顾自己是可以的""先照顾好自己是可以的"。

要快者试着让自己慢下来,给自己足够的时间,允许自己不那么快。对自己说"我可以慢下来""多花些时间是可以的""享受过程也很好"。

二、关系维度——善用去偏见

我们都喜欢和自己风格相似的人，因为沟通多是顺畅且愉快的。但风格相似者之间的合作是存在潜在风险的。如两个要完美者可能会无休止地讨论细节，忽略截止日期，从而让工作变得低效；两个要快者很可能同样高效，但错漏百出。因此，我们需要和风格相异者合作。但我们往往不喜欢甚至排斥风格相异者，因为容易出现沟通冲突、甚至回避沟通的问题。

因此，我们要客观、理性看待风格的正向和负向价值，尽力去除对他人的偏见，做到知人善用——知其强弱，用其强，补其弱。所谓用其强，是指选择个人风格与任务需要较匹配的执行者。管理者无需多加嘱咐与指导，执行者即可完成得很好。所谓补其短，是指若没有风格与任务需要较匹配的执行者。管理者需要考虑到执行者的风格可能会带来的负面影响，并采取办法将该影响降到最低。

对要坚强者，用其认真尽责与担当的风格。同时提醒他们不必维系僵化的风格——"有没有需要支持的地方""如果忙不过来，一定要告诉我""记着，我们是个团队，有需要帮助的时候，一定要说出来"。如果是管理者，要关注团队里其他人的感受，既关注事，也关注人，做到人事兼修。

对要完美者，用其高品质的风格。为保证工作效率，避免不必要的资源浪费，需要提前说明任务的品质标准、细致程度、截止日期等细节。如"这个案子完成80分就行，不用120分""先拟个草案，写明大致思路即可，不用考虑执行或具体细节""这个任务比较急，无需追求完美，完成更重要"等。

对要努力试者，用其主动热情的风格。但要提醒执行者想好了再开始，开始了就要有始有终。同时给他多一点时间理清思路，帮助他分析利

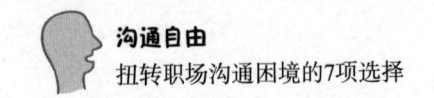

弊，确定了真正想做的再去做，否则不要做。

对要取悦他人者，用其"以他人为中心"的风格。但要提醒其注意人事并重，有的任务甚至需要以事为重。有时候，工作需要放手做，其实无论我们多么努力也无法满足所有人的期待或需求。另外，要考虑自己的感受，以自我为中心在特定情境下是合理的、恰当的。

对要快者，用其高效的风格。但要提醒其注意细节、把握关键点，如有必要强调截止日期，重申无须赶工，可以慢一点。如"有一些需要强调的，我再和你说一下""这几个地方很容易犯错，你多花些时间和精力""这件事没那么着急，你放慢节奏，做得仔细些"等。

三、目标维度——平衡求更好

职场沟通目标有两大方向，任务导向与关系导向。前者旨在解决具体问题，完成某项工作；后者旨在建立关系、增进情感。但它们不是孤立存在的，而是相互依存、彼此促进的。因此，大部分沟通需要兼顾关系和任务，并依据具体情境在二者之间寻找最佳的平衡。

一个典型的例子是跨级沟通。下属通常更在意上司的沟通态度，上司如何看自己、待自己，我们的关系如何，即关系导向。而上司更关注沟通内容，工作进展如何，结果怎样，即任务导向。如果沟通双方都采用本能的自动模式，即上司专注任务，下属专注关系，则必然导致需求与期待的错位，致使沟通不畅、感受不好——上司认为下属抓不住重点，下属则感觉上司好冷漠。为提升沟通效率，双方要在彼此的目标中寻找一种平衡，并为此努力。上司应同时关注到关系和任务两个维度；下属则需调整关系目标的比例，偏重于任务目标。

沟通目标导向不同，相匹配的沟通风格亦不同（见表5.1）。

表 5.1　沟通目标导向与沟通风格

沟通目标导向		沟通风格
任务导向	重要紧急	要坚强 + 要完美 + 要快
	重要不紧急	要完美 + 要坚强
	紧急不重要	要快
关系导向		要取悦他人
混合导向		要取悦他人 + 要坚强 + 要完美

关系导向和混合导向相对简单。关系导向重点关注人，能够理解、共情他人的感受与需要，提供情绪、情感价值，从而促进关系的建立与发展。关系的质量决定了任务解决的质量与效率。因此，混合导向以关系导向为主，任务导向为辅。即首先考虑人的因素，再处理问题。

在任务导向中，我们依据著名的时间管理理论"四象限法则"对任务进行分类。重要紧急任务匹配的风格是要坚强、要完美和要快。要坚强者确保执行的可靠性，担当、负责的态度带来笃定的安全感，绝不会在关键时候掉链子、撂挑子。要完美者保证任务完成的高品质、无疏漏、无瑕疵及高标准。要快者满足高效率的需求。依此类推，对于重要不紧急的任务，要完美和要坚强足以；对于紧急不重要的任务，要快足以。

即便分类标准相同，组织和个体对任务的界定仍有差异。在时间管理四象限法则中，对组织而言的重要紧急任务，对个体而言可能既不重要也不紧急。这是沟通风格产生冲突的根本原因。因此，具体任务的分类需要同时考虑组织和个人是如何分别界定任务类型的，更何况每个人分类任务的参考架构也可能是不同的，比如克里斯·贝利提出的四种任务类型[1]（见表5.2）。相比是否重要，有无吸引力是纯粹的个人感受，其更迎合新

---

[1] ［加］克里斯·贝利：《专注力：心流的惊人力量》，黄邦福译，北京联合出版公司2020年版。

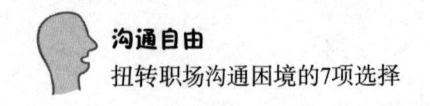

生代职场人的偏好。

表 5.2 克里斯·贝利的任务类型

	有吸引力	无吸引力
有效能	有意义的工作	必要的工作
无效能	分心的工作	不必要的工作

在该任务类型中，容易的是，我们会全情投入有意义的工作，少做不必要的工作。困难的是，我们会本能逃避或拖延面对必要的工作（因为没有吸引力），又常在分心的工作中耗费大量精力（因为有吸引力）。因此，对必要的工作，我们需要启动要坚强者的担当与负责精神，同时启动要完美者的要求——既然不得不做，那就好好做，并做好。对分心的工作，抱有"试试就好"的三分钟热度，不必追求完美，同时以要快者的要求速战速决。以上沟通风格的组合，可以是一个人的风格，也可以是一个团队的风格。

一个人的组合，意味着个体同时兼备多种风格，并能够根据沟通目标的需要，选择匹配的风格。需要再次提醒的是，如果个体风格多样但僵化，且总表现为本能反应，则容易导致"驱力三高"。风格的本质是信念，信念过强或过弱都会束缚、限制个体发展。因此，我们需要通过内部对话建构丰富、灵活的信念系统，并维持内部之间以及内外部之间的平衡。

对于一个团队的风格而言，需要组建风格互补的团队。作为管理者，要能准确判断每个人的风格，放下个人偏见，知人善用，并能通过观察和判断及时调整组合。作为参与者，善于发挥自身优势，弥补他人短板，并始终坚守"我好，你好"的沟通态度，这是极为重要的。唯有此，方能避免风格相异者各自为政，互为阻碍。借助优势互补，高效出色地完成任务，实现团队合作共赢。

无风格，何以区分你我？但风格无法限定你我，有风格，亦可变。

成长专题 4　**适度自我允许——"认怂"式心理减压**

压力包含刺激情境（压力源），个体对压力源的评估以及由此引发的生理、心理和行为反应。其中，对压力源的心理评估决定了压力源的严重程度。[①]以被裁员为例。被裁员是一种刺激情境，从而形成压力源。如果个体认为"被裁员太丢人了，这会影响我的职业发展"或"现在经济形势这么差，我可能连房贷都还不上了，生活要完蛋了"，被裁员导致的个体压力就会很大。如果个体认为"裁员有补偿，相当于带薪休息几个月"或"夕阳产业，再待下去人就废了，刚好借机转行"，被裁员导致的压力就会小很多。

所以，改变对压力源的看法、信念或态度，是减压的方式之一。

从沟通风格视角而言，当我们面对工作中的刺激情境，如果固守应该甚至必须做到的信念，便会形成压力。如面对超额的工作量，你要求自己必须勇于担当、极尽完美；被不公正对待，你要求自己顾全大局，照顾他人感受，不申诉不喊冤，不表达自己的真实想法；突然通知被辞退，你要求自己坚强，假装一切都还好……

给予自己适度的允许，可以释放沟通风格导致的压力。

要坚强者允许自己不那么坚强；要完美者允许自己可以不完美；要努力试者允许自己不再假装努力；要取悦他人者允许自己先取悦、照顾自己；要快者允许自己慢下来。

---

① ［美］洛恩·苏尔斯凯，卡拉·史密斯：《工作压力》，马剑虹 等译校，中国轻工业出版社　2007年版。

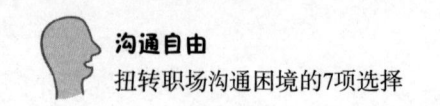

沟通自由
扭转职场沟通困境的7项选择

适度的允许不是摆烂，而是对极端化思维的修正；是建立在准确自我认知基础上的部分"认怂"；是"知其可为而为之，知其不可为而不为"的智慧。

面对承担不了的责任或额外增加的负担，允许自己"认怂"吧。承认自己真得不行，实在忙不过来了。再这样下去，率先垮掉、躺进医院的就是自己。接纳自己的脆弱与局限，是真正的坚强，因为这样可有效从源头上规避部分现实压力源。当然，对职责范围内的工作，仍需尽职尽责。

面对过高的期待与不确定的结果，允许自己"认怂"吧。孔雀开屏时最美也最丑，完美原本就不存在，我们又何必强求？太完美的是赝品，所以"犯错误效应"又被称为"白璧微瑕"效应。理解了这一点，由认知偏差引发的压力往往可以不攻自破。当然，这里的错误特指小错误，而非原则性的大错误。主体依然是白璧，不可本末倒置。

面对他人的需要，允许自己"认怂"吧。我们的人生课题要自己负责，"我没责任、没能力也没意愿替你、帮你"。厘清这是谁的课题可避免大部分人际冲突，从而减轻压力。[1]"我不是你的嘴替，更不是你的拯救者"。当然，这绝不意味着完全漠视他人，更不意味着否认一切与他人联结、合作的需要，而是在不伤害他人的基础上，允许自己先照顾好自己。

面对这世间纷繁的诱惑，一山更比一山高的无止境追求，允许自己"认怂"吧。人生苦短，帝王有遗，圣贤有舍。我们何德何能事事顺遂，所想皆如愿？听听内心的声音，看看最真实的渴望，将有限的生命专注于此吧。如此，可释放追求过多人生目标或奋斗目标导致的压力，并避免因

---

[1] ［日］岸见一郎，古贺史健：《被讨厌的勇气："自我启发之父"阿德勒的哲学课》，渠海霞译，机械工业出版社　2015年版。

半途而废和毫无成就感带来的挫败感。毕竟，专注是稀缺资源，懂得取舍才是大智慧。

在这一切皆求快的时代，允许自己"认怂"吧。"时代啊，你太快了，我气喘吁吁也跟不上。"我们允许自己在某些时刻、某些方面放慢脚步。老祖宗说"欲速则不达""慢工出细活"。所以，闲适出情致，灵感常在空白的时空里跳出来。

"认怂"式心理减压的核心是转变认知。自我允许的真谛是在充斥着"我应该，我必须"的强求声中，输入"我不必须，我可以做不到，不这样也行"的新指令。这为自己的选择提供了资源和可能。作为成年人，我们要做的是选择此时此地听谁的，听到什么程度或如何平衡它们。

第6章

选择沟通层次

沟通自由
扭转职场沟通困境的7项选择

引：

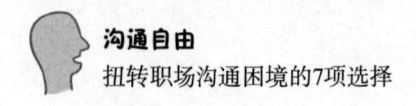

寒暄之后，说什么？

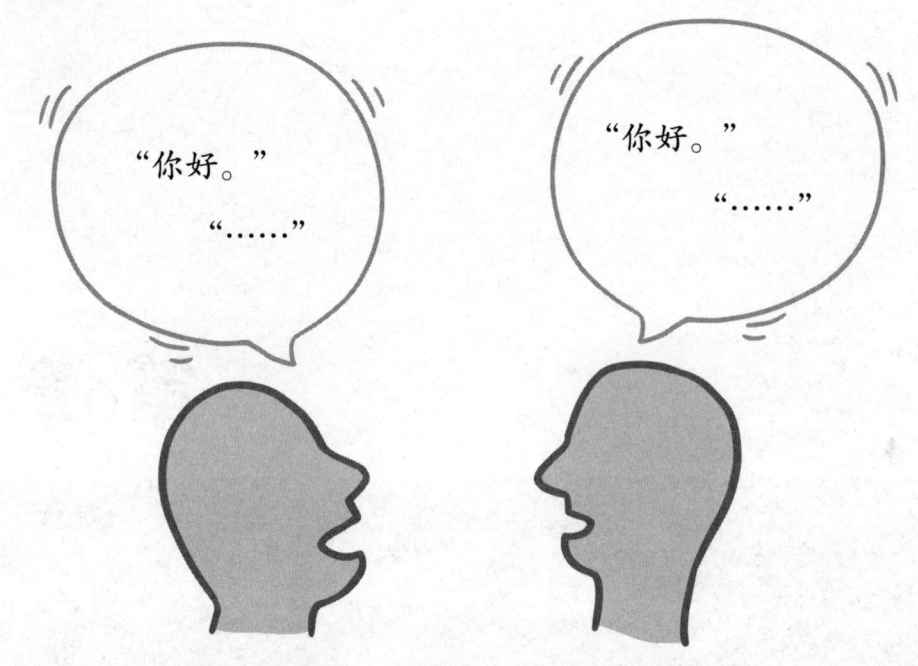

"你好。"
"……"

"你好。"
"……"

你是否遇到过上述情境？打完招呼，说完"你好"，接下来不知道该说什么。

如你在等电梯时碰见领导，简单问候完，你需要主动找话说。而且你的话题要适合在公开场合谈论，既可以一直聊下去又可以随时结束，要符合你们的公私双重关系尺度，还要尽可能给领导留下好印象。再如你加了新客户的微信，打完招呼，正式做完自我介绍，然后聊什么？是直奔主题谈论工作，还是一直聊无关话题？

以上，我们称为未被结构化的沟通情境。其困难在于既没有规定沟通内容，又不得不说点什么。

前五章我们聚焦讨论了有具体内容的沟通，比如分配任务、处理投诉、给予反馈、表达关怀等。所有的沟通都建立在有具体任务的基础上，即我们有明确的沟通主题。但在未被结构化的沟通情境中，人们没有明确的沟通主题，有人认为谈论什么都可以，有人却认为谈论什么都不合适，有人甚至会期待如果有人告诉自己可以做点什么该多好。

集团季度例会，各分公司、办事处的总监级别以上同事陆陆续续到达会场。距离会议正式开始还有20分钟左右。

华南区的臧总和总部的人力资源计总监在茶歇台讨论竞争对手疯狂抢夺人才的应对策略。

在他俩身旁是售后服务部伏总监和销售支持部成总监。她俩边挑选零食，边抱怨自己忙到早餐都没得吃，然后边吃边聊孩子报了哪些补习班，最近又流行哪个品牌的下午茶。

技术部戴经理是临时被委派参会的。虽然平常和各位总监、总经理有工作交集，但他第一次参加公司季度例会。他找到一个角落打开笔记本，过了一遍要汇报的文件，然后就开始刷手机。

华北区负责人谈总是新上任的，他端了杯咖啡，在会场慢慢四处观察，见到线下见过面的人就点头微笑，见到线下没见过的人就主动自我介绍。这会儿工夫，他已经认识了不少只在线上见过面的同事。

……

上述场景是不是很熟悉？在这段没有被规定好沟通内容的时段里，人们有着不同的表现：一个人独自待着、和认识的人闲谈或继续讨论工作、抓住机会认识更多人、和每个人微笑寒暄或者一直在想会议怎么还不开始……如果深入了解，人们也会有不同感受，其中不乏焦虑和不知所措的。沟通分析心理学认为这源于人们对于结构的需要，我们的时间需要被

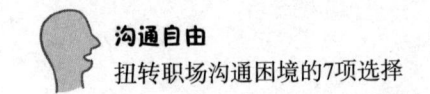

沟通自由
扭转职场沟通困境的7项选择

结构化，即在特定时间内，我们需要知道自己应该做什么、可以做什么。只有将时间规划、安排好，我们的内心才是踏实的、笃定的。想想我们刚到某个陌生环境，或突然有了大段闲暇时光，我们是否有不知道做什么的恐慌或迷茫。

当然，人际沟通的最佳境界是可以无话不说。其有两层意思，一是我们之间什么话题都可以聊，包括个人最深层的情感甚至安心直言彼此的各类情感感受，不用担心会破坏关系。二是我们之间没什么可说，可以什么都不说，但不会觉得尴尬，甚至什么都不说就能感受到友好、亲密甚至被彼此懂得。

无论是哪种无话不说都非职场的沟通常态，即便在知己、情侣这样的亲密关系中也是极其难得的体验。组织行为学将涉及个人情感、态度、价值观等的沟通称为深层沟通，并认为其不是组织管理工作所必需的；而以工作为核心的必要的信息传递和交换的浅层沟通才是组织管理工作的主要内容。[①]因此，职场沟通更常见的沟通情境是有事说事，为建立关系或避免尴尬得没话找话。有事说事需要上来就说还是按照流程或次序说？没话找话该怎么找话，找什么话，有意义吗？这些都涉及沟通层次问题。沟通层次是指沟通的内容以及功能是有等级秩序的。所谓"交浅言深，是为乱也"，即谈话内容的深浅和关系亲疏程度不匹配，所以失了分寸，乱了秩序。

因此，我们有必要了解人际沟通有哪些层次，在其框架内，如何提升职场沟通效率。

---

① 王怀明：《组织行为学：理论与应用》，清华大学出版社 2014年版。

第6章
选择沟通层次

第一节　沟通层次理论

知名的沟通层次理论有两个。一个是包约翰（John Powell）的沟通五等级理论[①]，另一个是艾瑞克·伯恩（Eric Berne）的时间结构理论[②]。前者的分类标准是沟通内容的深浅程度，后者的分类标准是社交行为实现的沟通功能力度。为便于理解，我们将前者描述为沟通内容层次，后者描述为沟通功能层次。

一、沟通内容层次

包约翰认为人际沟通有五个等级，第五级的沟通程度最低，随等级递减，沟通程度递增。

第五级：打招呼

这一等级是最低程度的互动沟通，人们所讲的不外乎是些陈腔滥调、应酬话。如"你好吗""家里人都还好吧""你的衣服真好看""有时间一定聚聚哦""见到你很开心"等。包约翰认为该等级的沟通不具任何意义，根本算不上沟通。对于这一类的"你好吗"，我们若认真回答，反而让对方不知所措。

第四级：叙述事实

这一等级的沟通有了具体内容，但多是讲述别人的事情，如某个明星、某个社会事件。在这一等级里，虽然人们会讲自己的事情，但和讲述他人的事情一样，仅限于叙述，不会表达任何自己的看法。包约翰认为该

---
① ［美］包约翰：《为什么我不敢告诉你我是谁》，崔菱译，道声出版社　2022年版。
② ［英］艾思·史都华，凡恩·琼斯：《人际沟通分析练习法》，易之新译，张老师文化事业股份有限公司　1999年版。

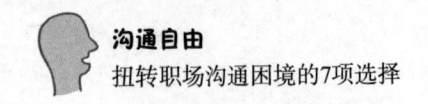

等级的沟通是将自己隐藏在客观事实背后，即未将自己给出去，也未向他人要求什么。

第三级：谈论想法

该等级的沟通内容开始涉及个人，包括个人的信念、观点、思考、判断及决定等。如"对于这件事，我的看法是……""我认为""所以，我决定要……"等。包约翰认为该等级的沟通内容仅限于经过个体审慎检查之后的范围。而且在沟通中，双方会通过观察对方的反应，决定前进一步或后退一步。

第二级：表达情感

在该等级沟通中，人们开始坦诚自己独有的情绪和感受，包括积极和消极的、正面和负面的。如"这真让我兴奋""这让我感觉很挫败""和你相处真的很愉快""说实话，我嫉妒你""现在我想远离你"等。包约翰认为这是相当大胆的沟通等级，在多数人身上不常出现。尤其是表达关于对方的消极情感或负面感受，是极具风险的。

第一级：完全坦诚

完全坦诚是人际沟通的最高境界，是极为困难却异常美好的。该境界的沟通是马丁·布伯（Martin Buber）笔下"我和你"的相遇，[1]是百分之百的情感共鸣，是两个独立个体的完全契合。包约翰认为该等级的沟通是好友和配偶间最为需要的，因为友谊和婚姻必须建立在绝对坦白、诚实的基础上。

二、沟通功能层次

---

[1] ［德］马丁·布伯：《我和你》，杨俊杰译，四川人民出版社 2019年版。

第6章 选择沟通层次

在人际交往中，人们通过选择社交行为实现不同层次的沟通功能。艾瑞克·伯恩认为，当两个人或更多人聚集时，人们共有六种社交行为可供选择。人们从六种不同的社交行为中获得安抚的强度不同，实现的沟通功能亦不同。按照安抚强度从低到高，沟通功能由弱到强依次为退缩、仪式、消遣、活动、心理游戏和亲密。

退缩

选择退缩行为的人不与他人交流，即从人际沟通中退出来缩回自己的世界。比如，进入会议室完成签到后，就开始一个人待着，跟其他人没有任何沟通。即便在会议或团体活动中，也可能处于身在心不在的退缩状态。选择该行为的个体给予和获得的安抚都是很少的，人际沟通的功能也是近乎为零的。

仪式

仪式是高度程式化的社交行为，它指的是人们按照社会期待或自己所熟知的社交规则与别人互动。比如，见面要打招呼、发言前先自我介绍等。如果早上进公司时遇见领导或同事，人们没有相互问候或点头微笑等，大家可能会觉得很奇怪。但人们的沟通也仅限于此，不会深入。在仪式中，人们的回应近乎是自动化反应，给予和获得的安抚较少，并没有包含对对方的真正兴趣和关心。该沟通的功能在于传递礼貌和友好。

消遣

消遣指的是人们并无真正想要讨论或分享的话题，但为了打发时间或避免尴尬，人们会找些安全、有共识的沟通内容，一起消磨时间。如等待会议正式开始的时段，人们会选择谈论一些公开话题，包括疫情、天气、明星八卦、教育、服饰、汽车等。消遣是人们的主动选择，如女性更倾向

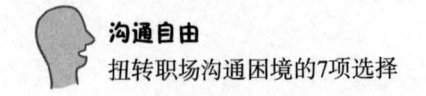

聊服饰，男性更倾向聊汽车，有孩子的家长则会从教育开始聊。因此，人们可以从消遣中获得信息和安抚，也有助于增进彼此的了解，建立更亲近的关系。

活动

活动指的是人们共同完成某项有目标的任务，并共同努力达成具体的结果。如共同完成会议议程、共同完成某项任务、带领团队复盘某次培训、合作完成某个作品等。活动是人际沟通中最熟悉、最常见的形式，也是前五章的重点内容。人们通过共同参与和体验，彼此提供或获得支持，从而给予或收获较强的安抚。在活动中，沟通功能更多指向解决问题。

心理游戏

心理游戏是一种特殊的社交行为。在沟通之初，发起沟通者的内心就好像写好了有明确结局的剧本一样，而且结局通常是负面的。因此，该沟通不是为了解决问题或增进彼此的关系，而是为了验证早已写好的剧本结局。当然，该剧本是无意识的。人们在心理游戏的沟通中收获强度较高的负面安抚，沟通将会一次次强化沟通发起者的内心剧本，成为其重复的沟通模式。

亲密

亲密指的是在沟通中，人们能够非常坦诚地分享自己的思想、观念和情感。人们确信该关系是安全的，因此敢于百分百地呈现自己的真实状态，不用压抑也无须伪装，自由地给予与接受。亲密可以是单向的，也可以是双向的。亲密带来的安抚强度最高，感受也最美好。人们通过亲密的沟通达成深深的情感联结。

第6章 选择沟通层次

上述理论从不同视角阐明了沟通内容层次和功能层次。其中，有些层次较类似，如打招呼和仪式，完全坦诚和亲密。有些层次有交叉之处，如活动中必然包括叙述事实，还可能包括谈论想法和表达情感。

另外，如果人们单纯从内容或沟通行为评判沟通层次难免会被误导。

案例一

茅先生："嗨，最近怎么样？"

庞先生："还行吧。你呢？"

茅先生："我也还行，老样子。"

案例二

熊先生："最近怎么样？"

纪小姐："不太好，工作出了点意外。"

熊先生："想说说吗？我能为你做点什么？"

单纯从沟通内容看，两个案例中的"最近怎么样"都属于打招呼。如果按照沟通内容层次理论分析，案例一的回应是恰当的，因为彼此都在打招呼的等级，沟通不唐突。而案例二中纪小姐的回应是不妥的，其跨越打招呼，直接到了表达情感层次。但依据这种分析，便是生搬硬套了理论，因为从熊先生的反应可知，他很可能处于亲密层次，仪式化的打招呼只是为了启动话题。如果纪小姐回答"还好还好，谢谢关心"，反倒是一种见外的"仪式"化回应。

因此，想清晰判断沟通层次，还需综合考虑沟通情境、双方关系、沟通进程、言语和非言语信息、隐藏信息、对方的反应和彼此的感受等。

再者，职场沟通以浅层沟通为主，安抚强度最低、沟通功能最弱的退

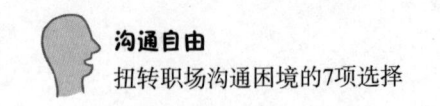

缩（独自处理工作）恰恰是职场必不可少的内容。因此，我们需要整合上述理论，梳理易懂且实用的职场沟通层次理论。

第二节　职场沟通层次

以艾瑞克·伯恩的时间结构理论为基础，整合包约翰的沟通五等级理论，我们认为职场沟通层次主要表现为以下五种（见表6.1）。

表 6.1　职场沟通层次

沟通层次	沟通内容	沟通功能
无人际沟通	无	无
礼节性沟通	有相对固定的模式、标准或要求	表达礼貌，表示尊重
闲谈型沟通	可公开、无伤害的，叙述事实为主	拉近关系，建立信任
主题类沟通	提前设定沟通主题，叙述事实+谈论想法	相互支持，完成任务
个体化沟通	完全个人的、深度的甚至私密的话题，涉及事实、想法和情感	收获亲密感与情感联结

无人际沟通是指个体专注于自己的事情或内心世界，与他人无沟通，可理解为独处。如独自阅读工作材料、撰写计划、思考问题甚至发呆等。要注意的是，无人际沟通并不意味着无自我沟通。享受孤独的自我沟通通常是丰盈、富足且正向的。无人际沟通的状态是必要的，这确保我们能更专注自己的工作并充分发挥个人潜能。但个体若过多处于该层次，则会被认为是孤僻、冷漠、不好相处的。个人与群体联结不足，归属感也会较低。

礼节性沟通包括日常见面的问候、礼貌性的看见、正式场合对陌生群体的自我介绍等，常称为寒暄。该职场沟通层次要注意合理合规，关注差异，包括文化背景差异、组织差异和个体差异。文化差异很好理解，在见面以拥抱的形式表达欢迎的文化下，如果我们只是点头微笑，就显得不够热情。反之，则会感到不适应，甚至觉得边界被侵犯了。最常见的组织差异表现在相互称呼方面。某些组织以行政职务称呼对方，某些组织鼓励直呼其名，还有一些组织称"老师"或亲切地唤为"哥哥"或"姐姐"。个体差异同样表现在相互称呼方面。有人喜欢"姐"的亲切，有人嫌弃"姐"的俗气或江湖气。为了表达尊重，我们常用"您"称呼对方。但有人会将"您"理解为客套、年长及距离感。无论何种差异，我们都需要留心观察，在恰当的边界内灵活变通。

闲谈型沟通即闲谈。其看起来和工作无关，却是职场沟通的重要组成部分。对于闲谈型沟通的话题选择一定要得当，最基本的要求是，话题可以公开讨论，尽可能是双方都关注的、感兴趣的。闲谈以叙述事实为主，不讨论观点、想法，不做评判，不表达情绪感受，更不要随便问感受。要注意的是，同事间一起抱怨公司或领导的沟通不是闲谈，而是私密性较强的个体化沟通。因为你们彼此分享了纯粹的个人观点、态度和情感。如果不能区别二者的差异，你以为的闲谈很可能成为你的灾难。另外，选择话题要能收放自如，有时间精力可以展开多聊，无时间精力随时结束也不突兀。

主题类沟通是职场沟通的重点，包括一切为了工作而进行的沟通，如汇报、指导工作、开会、约谈等。该沟通任务具体，目标明确，沟通的本身就是工作。对于喜欢直奔主题的沟通者要注意循序渐进，以简单的闲谈开始可以增进彼此的关系，有助于提升沟通效率。尽管主题类沟通有着明确的任务和目标，我们仍需关注到人的因素。

个体化沟通是抛开工作任务、社会职务或角色后的完全个人层面的沟

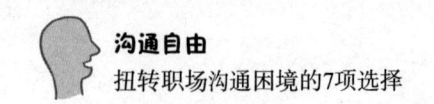

通，沟通内容围绕个体展开，涉及个体的想法与情感，只在关系亲密的同事间发生。沟通双方的内心是完全敞开的，彼此能体验到强烈的亲密感。但其在职场沟通中是有风险的，轻者因为感情因素影响客观判断与决策；重者个人隐私被爆料破坏个人形象，甚至威胁个人职业生涯。是否将工作关系转变成私人关系需要人们动用成人自我的分析、评估，而后做出选择。通常，非生死相依（消防员或战争中的军人等）的工作关系，我们不建议将工作关系发展为朋友关系，也要尽量减少个体化沟通。

在表6.1中，我们并没有纳入心理游戏。心理游戏是一种特殊的、无意识的沟通方式，它并非职场沟通常态，且在闲谈型沟通、主题类沟通和个体化沟通中都会出现。其内容我们将在第七章涉及。重复陷于该沟通层级者的人际关系和职业发展是艰难的，若想改变，建议寻求心理咨询或治疗的专业帮助。

第三节　沟通层次失宜

很多人在职场中应用沟通层次理论时会感到困惑：是严格按照沟通层次循序渐进地沟通还是直奔某个层次或某个关系中的哪个主要层次？究竟怎样选择才是恰当的？在回答这些问题前，我们有必要了解与沟通层次有关的几类不恰当行为，包括沟通层次混乱、沟通层次缺失和沟通层次比重失调。

一、沟通层次混乱

交浅言深是典型的沟通层次混乱。交浅指的是双方关系浅，如刚认识的双方，虽然比较熟悉但是属于并不亲近的一般关系，过往互动仅限于日常工作事务的普通社会关系等。言深指的是沟通内容的层次很高，涉及非常私人化的观点或情感，甚至是个人隐私等。关系的低级别和沟通内容的高层次是不相称的，从而乱了人际关系发展的次序，即"交浅而言深，是为乱也"。

同理，交深言浅也是不恰当的。若双方已是无话不谈的挚友或是情感联结较深的亲密关系，其中一方突然退回到礼节性的客套、寒暄或闲谈，不再分享个人私事或倾诉喜怒哀乐；另一方感觉到你不再交心，觉得关系远了，也退回到相对应的沟通层次。久而久之，关系也将退回到普通社会关系或一般关系。所以，"交深而言浅，必将淡也"。

另一种沟通层次混乱的行为表现为"忽冷忽热"，即沟通在不同层次跳跃、摆荡。一段时间感觉特别亲密，彼此无话不说；一段时间感觉对方像是熟悉的陌生人，沟通只剩寒暄。如果一方常处于该混乱状态，另一方的感受是极其不舒服的。如果沟通层面较难把握回应的层次和自我敞开程度，情感层面就要反思关系是否出了问题。

恰当的行为需要参照关系程度，选择对应的沟通层次。"交浅则言浅，交深则言深"。同时，做理性、稳定的成年人至关重要。审慎定位每一段关系，努力做到言行不逾矩。

二、沟通层次缺失

工作狂和社交冷漠者[①]在沟通中容易缺失闲谈型沟通。当他们需要就某个任务发起沟通时，通常会开门见山直接进入主题，礼节性的寒暄和过

---

① 我们并不主张给他人贴标签，如此描述仅仅只是为了便于理解。

渡性的闲谈都一并省略。工作狂认为闲谈耽误时间，社交冷漠者认为闲谈没必要，他们的核心观念都认为闲谈没有意义。

闲谈是否有意义？

舒女士是某领域的专业顾问，工作压力较大，身体状况不太好。于是，她给自己报了瑜伽私教课，希望缓解自己的压力，改善身体现状。瑜伽老师是位美丽的女士，专业口碑过硬，但为人有些高冷。上了半年的瑜伽课，舒女士的身体状况改善不少，她很敬佩瑜伽老师的专业和认真，但对她们的互动方式颇有微词。

舒女士："我们上课前几乎不说话，至多就是点头微笑，说一句'来了'，然后就直接上课。这感觉太怪异了。"

咨询师："怪异？那您认为怎样才不怪异？"

舒女士："应该会先寒暄几句，问候一下这一周怎么样啊，我感觉正常的人际交往应该是这样的。一句话不说直接上课，我们俩就像机器人一样，而且只有教学关系，没有其他关系。"

咨询师："其他关系是……"

舒女士："我觉得除了教学关系，我们还是朋友关系吧。因为有时候我们下课后或在微信上会聊很多。我们会相互请教或分享各自的专业知识，也会聊对周围人的看法，讨论社会现象等。我觉得我们已经是朋友了。"

咨询师："您觉得你们除了教学关系，还是朋友关系。所以您期待上课前能有简单的问候，表达对对方的关注，而且您认为这种互动是人之常情。所以，当缺失了这个环节，您会感觉有些不对劲。而且你们也有很亲密的聊天时光，所以会认为你们之间的关系突然变冷淡了。是这样吗？"

舒女士："是的是的。"

读完这个案例，你还认为闲谈无意义吗？

尤尔根·阿佩罗引用里卡多·巴阿的一段描述，精准地回答了闲谈的意义。[1]

里卡多·巴阿会在工作谈话的开始或结束时，习惯聊些琐碎的事情。他认为这样做是为了确认沟通双方的非正式关系，不仅给个人联结留出了空间，也不会让对方感觉自己只是在检查工作。这也是舒女士表达的，除了正式的工作关系或社会关系（教学关系），她需要感受到人与人的联结——我们在一起不仅仅为了学习技术或解决某个具体问题，也是为了体验彼此看见、相互关注、共同成长的美好。

职场还有一种沟通层次的缺失表现在只有闲谈没有任何主题类沟通。想一想，在你的工作时间，领导找你谈话或同事找你聊天，他们东拉西扯半天始终没有任何主题。你是否会疑惑："对方究竟想说什么？"毕竟，职场沟通仍以处理工作为主。当然，如果你仅仅为了闲谈而闲谈，那不妨在沟通开始时就直接言明。否则，对方很难把握沟通层次，并容易导致沟通目标的错位。（在最后一章设定沟通目标中，我们会再次谈及该内容。）

三、沟通比重失调

现在想一想，在工作中，你花费在各个沟通层次中的时间比重是怎样的，你可以绘制一个简单的饼图。它会让你的时间结构更清晰直观。虽然通过观察沟通层次比重图判断人们的工作和性格略显片面，但我们仍然能够从大量案例中观察到以下现象。

---

[1] ［荷］尤尔根·阿佩罗：《幸福领导力》，侯伯薇译，清华大学出版社　2018 年版。

1. 无人际沟通比重大。其绘制者多为基层且从事具体事务型岗位居多，比如财务、研发。

2. 闲谈型沟通比重大。其绘制者多在非核心业务部门或工作内容以为其他部门提供支持和服务为主。

3. 主题类沟通比重大。其绘制者以管理层居多或以人际沟通为主要工作内容，比如外联协调、客户服务等。

上述现象说明沟通层次比重和个体职位、岗位职能紧密相关。因此，沟通层次比重失调的第一类是实际的沟通层次比重与个体职位、岗位职能的期待或要求不匹配。

尽管礼节性的寒暄意味着传达礼貌和尊重，但对于高职级领导喊"小某"后直奔工作主题的沟通，我们却习以为常。就好像职级越高，"不礼貌"的权力就越大一样。所以，当我们尚未拥有该权力时，更要注重职场礼貌，切不可忽略了寒暄和闲谈的重要性。

如果我们看见公司工会成员和公司的任何一个同事闲谈，我们都可能认为双方在聊工作的事情。若是财务工作者在工作时间扎堆聊天，领导们大概率会担心泄密的问题，同事间免不了互相唤起打探点内幕的期待。所以，我们有必要了解职场对岗位的沟通层次比重的期待和要求。与人打交道的岗位，最好热爱并擅长人际沟通，做到寒暄得体、闲谈适度，主题类沟通进退自如；处理具体事务和专业度高的岗位，高比重的无人际沟通更让人放心和信服。

与舒女士不同，屈先生恰恰因为健身教练太热衷闲谈而感觉不爽，并中途要求换其他教练。屈先生的理由是"太多的闲谈让我感觉他不够专业，至少不够职业化。有时候我甚至质疑他闲谈的目的"。

当然，一个人真实的沟通层次比重与沟通目的有关，更与性格特点有关。对比你期待的、舒适的沟通层次比重图与当下实际呈现的沟通层次比重图，将对你的职业选择与发展有所启示。因为这将涉及第二类沟通层次比重失调，即个人偏好的沟通层次比重与发展需要的不匹配。

项先生是某科技集团的研发经理。他在咨询中谈到自己非常享受独处的工作时光。在未被提拔前，他每天正常上下班，但可以连续一周不说话。当他因技术能力突出被提拔为经理后，工作内容发生了巨大转变。他描述每天的工作就是无休止地与人频繁沟通，包括上下级沟通、跨部门沟通以及外部合作沟通等。尽管理性的他不停告诉自己，越想往上发展，与人的沟通就变得越重要，但现实处境仍令他疲惫不堪、心力交瘁。

个人的沟通层次比重需要随着职业生涯阶段调整。作为技术人员，项先生的独处是恰当的，因为他可以将更多的精力用于创造性研发。当他晋升为管理者时，人际沟通成为工作的主要内容，人际沟通又包括闲谈和工作，该如何分配二者的比重也是需要考虑的。

如何分配沟通时间，遵从本性还是参考职业期待取决于个人的选择。长期的比重失调不仅危害身心健康，也会阻碍职业发展。因此，无论多难，我们都要做出选择。清晰且客观地认知自己的偏好、职业要求及自我规划是个人选择的前提。选择的难点在于如何平衡内外在需求的冲突和长短期要求的矛盾。若不能平衡，如何取舍？取舍后又将如何安抚被舍弃的？这些都需要我们以成年人的方式面对并解决。

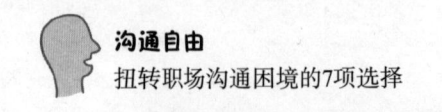

第四节 调协沟通层次

为避免不恰当的沟通层次导致的沟通困境，我们需要努力调整沟通层次及比重，以确保职场沟通及职业发展的顺畅与高效。

一、结构完整，循序渐进

尽管学者们将不同沟通层次描述为最低等级或最高境界，但这并不意味着只有最高境界才是好的、才是唯一建议使用的。每个沟通层次都有其价值和功能，沟通层级的递进要符合关系发展和事情推进规律。因此，以下情境，我们建议你按照完整的沟通层次，循序渐进。

1. 正式沟通

正式沟通包括汇报工作、会议发言、致辞、提案、演说等。如果我们用心总结，不难发现，每段正式发言都是有结构可循、有模板可套的。

发言者通常按照以下顺序展开。首先是打招呼、表达问候，必要时做一下自我介绍。接下来说点题外话，如天气、城市、行业事件或分享一个看似不相关，实则可以引出发言主题的故事。然后谈论正事。公事公办后进入分享私事环节，此环节包括表达个人观点、陈述个人感受、表达期待与展望等。最后，以表达祝福或期待结束发言。

有没有发现上述发言结构是按照完整的沟通层次逐级推进的？下表为我们用沟通层次做的拆解（见表6.2）。

表 6.2 发言稿中的沟通层次

发言稿	沟通层次
尊敬的×××，大家下午好，我是×××	礼节性沟通 （表达礼貌、友好及发言的开始）

续表

发言稿	沟通层次
秋风送爽，丹桂飘香，北京迎来了最美丽的季节，我们也迎来最可爱的你们……我是第三次来到这座古都，每一次都有新的感悟和收获	闲谈型沟通（建立熟悉感、拉近关系）
我很荣幸能主持今天的会议，会议的议题是×××	主题类沟通（谈论工作任务）
对于此次会议，我个人充满期待，因为我一直有一个梦想，看到各位的热情，感受到大家的支持，我相信……	个体化沟通（分享个人观点、情感）
最后，预祝……希望我们……	礼节性沟通（传递发言即将结束）

掌握了该模板背后的沟通层次理论，每个人都可以写出结构完整的发言稿。若想使发言稿精彩，有几个小技巧分享给你。其一，让你的闲谈和每个人相关、和主题相关；其二，让你的沟通主题清晰、完整、简练；其三，个人观点和情感表达务必与主题相关，并能与听者产生共鸣；其四，闲谈、主题类沟通与个体化沟通要有内在逻辑，彼此呼应。

2. 事件沟通

组织视角的沟通绝不限于谈话、聊天或发个公关稿，还包括会议、路演、展览等事件沟通。借助沟通层次理论，活动策划者和执行者都更容易理解制式流程的深意和功能，真正提升沟通效率和效果。

我们以会议为例。

首先是礼节性沟通。会前设置的视觉导引系统、专属通道、礼仪带领及隆重的签到仪式，除方便来宾轻松、准确地进入会场以及确认身份外，更重要的目的是让对方感受到被关注、被欢迎。

其次是签到和会议正式开始前的闲谈型沟通。会议组织方人员各司其职，照顾好自己的客户、合作伙伴。人们或选择和自己相识的人闲谈，或

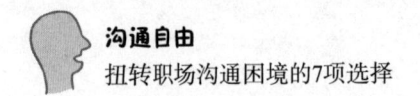

借机结识一直想结识的人。尽管在这段没被规定的时间里，人们的反应不尽相同（想想本章第一节的案例），但留出这段必要的时光供人们建立或增进关系，是极其必要的。那些总是卡点进入会场或迟到进入会场的人易被称为"耍大牌"，其原因就是其没有留出工作以外的时间和人建立关系。

会议正式开始，人们会再次以礼节性沟通开始，主持人宣布会议开始，介绍参会嘉宾、注意事项、会议要求等。而后进入会议主题分享或讨论。有趣的是，每位嘉宾的发言，每个议题的开始与结束，都是一次完整地重复整个沟通层次的过程。

一些会议的中场时间会设置茶歇，结束后会有晚宴或小主题分享等环节。这是在为人们的个体化沟通提供空间、创造机会。人们重新开始闲谈，寻找机会建立工作关系或直接进入亲密层次，表达观点、分享感受。

尽管参与事件的个体可能只选择了某一个沟通层次、几个沟通层次或在几个层次间跳跃，但事件沟通本身的层次结构是完整的，总体流程是逐级递进的。同时，与发言或谈话不同的是，在具体的沟通过程中，事件沟通的沟通层次是不断循环的。

3. 发展关系

对于职场关系的建立与发展，新人尤其空降兵首先要放弃被团队迅速接纳的幻想。除了一见钟情，鲜有职场关系可以快速进入完全敞开的个体化沟通阶段。所以，团队成员对你的客套、顾忌、观望、有所保留都是正常现象。参照沟通层次循序推进关系是必要且稳妥的。此外，还需关注以下几点：

其一，注重礼节性沟通，根据企业文化调整自己的寒暄方式。空降的领导一入职就强调自己曾经的企业文化或习惯，他在传递"我好，你们不好"的态度，很容易招致对抗。因此，"先融入，再变革"可避免不必要的麻烦。

其二，适度闲谈型沟通，以关心、了解他人为主要目标，而非通过闲谈炫耀自己的过往。在闲谈中使用开放性的提问方式，专注倾听，而非自我表达，让对方感受到你的真诚与关心。闲谈对于了解企业文化及禁忌很有帮助，请注意，采取请教的姿态会更容易获得真实信息。

其三，不要直接跳到工作主题类沟通，这会显得你高高在上。如果事出紧急，请在开场白中交代清楚，并在事后予以解释。

其四，适度自我暴露有助于拉近关系。但要注意，你表达的内容既是个人化的经历或体验，又是可以公开的。

二、因变而变，适度增减

以不变应万变，不变的是理论或底层逻辑；万变的是沟通对象和沟通情境，是我们的选择和实际的应对方式。因此，选择沟通层次和比重，需做到因人而变，随境而变。

1. 因人而变

我们选择何种沟通层次与他人互动，不仅取决于自己的偏好，还取决于他人的偏好。如果一味以自己喜欢的方式沟通，会令对方不舒服，不仅沟通难以为继，甚至会恶化关系。

偏好独处者，闲谈是不得已的"应酬"，其感受是能量被极大消耗。如果你想通过亲密地表达与其拉近关系，恐怕会令其无措。最好的方式是礼貌地询问需求，及时结束，并做到无事不打扰。

偏好闲谈者，与他人的互动更像在吸取能量。不管什么话题的闲谈都能令其神采飞扬、活力无限。因此，如果你想和他聊点正事儿，就必须先满足他闲谈的需求，否则很容易碰钉子。因为他会感觉你对他漠不关心，只想利用他完成自己的任务。

相反，有人的脑门上就像刻着"杜绝闲谈"一样，永远都是有事说事，无事各自忙。对他们而言，开门见山，直奔主题是恰当的。

除个体偏好，双方关系也需要被考虑。

如果关系一般，在进入主题类沟通前，适当的闲谈型沟通是必要的。关系基础较好的同事间，直奔主题是可以的，过多的寒暄会显得客套、见外，过多的闲谈可能会令某一方困惑。有一种方式可能会令沟通更为顺畅，那就是开始即言明沟通层次和目标——"没啥正事儿，我就是想和你闲扯会儿""有个事儿，我想听听你的意见"或"我被客户骂了，很难过，想找你说说"。好朋友或知己间亦然。

当然，上述灵活的处理方式以非正式沟通为主。对于正式沟通而言，尤其在公共场合，必要的寒暄、闲谈仍是有价值的。

2. 随境而变

疫情这几年，最大的沟通情境变化是线上活动的增多。以往办公区碰个头就完成的沟通，在疫情期间通常变成线上的会议讨论。但很多人并未意识到线上会议和线下会议的区别。

另一个与疫情相关的现状是时不时的居家办公。居家办公不仅改变了人际沟通方式，也打乱了人们熟悉的沟通层次比重。调整、重建新的个人沟通层次比重是居家办公者必须面对的问题。

线上会议需适度增加闲谈

从独自工作到进入会议沟通，中间隔着寒暄和闲谈。

在线下一起办公期间，同事们抬头不见低头见，擦肩而过、点头致意、微笑寒暄。茶水间、餐厅、会议间歇等，都为闲谈提供了场合和机会。但线上会议不同，大家各居一处，除了线上会议的讨论，并无其他接触。如果线上会议直奔主题，缺乏闲谈，参会者在人际互动中的沟通层次是断裂的。在不点名的会议中，无需发言的参会者很可能与他人连寒暄都没有。如此，线上会议很容易出现一种现象——看似参与了主题类沟通，实则始终处在独处状态。

对于需要被看见、被关注的群体，关系是基础。缺乏闲谈，就无法在当下建立、增进关系，无法在心理上真正做好进入工作议题的准备。即便对于偏好直奔主题的工作狂，了解其现状也是必要的。

所以，相比线下会议，线上会议需刻意留出闲谈时间彼此问候，关注全员的生活及办公现状、身心状态等。一方面，闲谈为进入工作提供心理过渡，可提升沟通效率；另一方面，表达关心增强人们的情感联结。同时，及时了解员工的处境与需求，及时提供相应的支持与干预，可有效预防各种意外的发生。

居家办公者需主动调整沟通层次比重

居家办公有两种截然不同的情况。一种情况是一个人独自居住或被隔离，这意味着独处时间陡然增多。对于喜欢独处者而言，这并不会构成太大的困扰；对于不喜欢独处者而言，想办法增加人际沟通变得十分重要。如每天固定时间和同事保持沟通，主动从朋友、家人处寻求情感支持等。当然，如果被隔离的同事恰好是后者，我们也可以主动关心，因为即便是

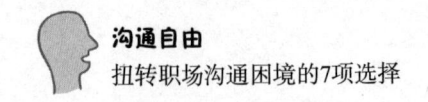

沟通自由
扭转职场沟通困境的7项选择

日常询问的闲谈也是有所助益的。

另一种情况是和家人共同居住。这意味个人的独处时间被剥夺。每个人都需要独处，那是照顾、放空和整理自己内心世界的机会。如果独处被剥夺，人们很容易忽视或压抑自己的真实感受。尤其对偏好独处者而言，喧闹的生活令其难忍。因此，我们需要与共同居住者协商，规划好每个人的独处时光。

一个有趣的现象是，解除隔离或回到办公室后的初始阶段，不喜欢闲谈者也会热衷分享自己的生活。这是对严重缺失沟通层次这个问题的弥补，是内在与他人联结，外在与世界联结的需求。

很多因居家办公而凸显的情感冲突也与沟通层次有关。情侣或家人天天生活在一起，自然唤起对亲密的需要。但亲密并不只是同居一室、形影不离，而是双方都处于完全敞开、完全接纳状态下的彼此关注与相互懂得。

因此，无论是居家办公者，还是其朋友、同事或家人，都需要为调整、重建更舒适、健康的沟通层次而努力。

三、重视闲谈，建设关系

对于职场是否鼓励闲谈这个问题，相当一部分人对其有误解。第三节我们阐述了闲谈的意义，本节我们将谈谈闲谈的功能和技巧。

1. 闲谈的功能

其一，打发时间，避免尴尬。职场总有一些情境是没什么可说又不得不说点什么的。寒暄太浅太短，谈工作又不合适，闲谈便是较为合适的选择。

其二，增加了解，确定关系基调。通过闲谈，我们能够发现对方的兴趣爱好、关注点、与工作无关的其他技能以及特质等。借助这些信息，我们会与对方形成关系的发展倾向——需要对谁敬而远之，可以与谁发展为志同道合的工作伙伴、成为工作以外的朋友。对于决定关系发展倾向的标准而言，有人关注有无共同兴趣爱好，有人在意是否有现实价值，不尽相同。沟通态度是个不错的标准，和持有"我好，你好"的态度者建立更亲密的关系，将有助于彼此的成长。

其三，加固"我好，你好"的沟通态度。闲谈行为本身就是看见（你在我眼里）与关心（你在我心上），这传递出"你没有被漠视，你是重要的"的观点。闲谈的另一层含义是在我们的关系中，我主动传递着热情、积极与努力，而不是退缩、逃避或被动反应。这传递出"我也是好的"的观点。想想，有多少亲密关系是由闲谈发展起来的，有多少亲密关系的转淡又是从不再闲谈开始的。因此，职场需要闲谈，但要注意适度。因为闲谈的多少传递出你对关系的态度。

2. 闲谈的技巧

如果你特意翻阅到这里，你大概率不是那种和谁都能愉快地聊个没完的人。因此，过于宽泛的闲谈选题或精深的闲谈技巧可能并不适合你。以下三类闲谈，与工作看似无关，实则有关，或许可以作为你练习闲谈的入门线索。

其一，平级闲谈谈行业。与双方个人无关，但与企业或行业相关的话题是安全且适宜的。你可能并不关心明星八卦，也无需花费心思了解对方，但你总是要关心行业事件的。如果没那么多行业话题可说，选择新闻热点也是可以的。这些安全话题既可避免相对无言的尴尬，又表达了友好和礼貌，何乐而不为呢。

其二，向上闲谈请教事。向上闲谈常发生在偶遇领导或需要主动结识身居高位者时。向对方请教一个对他而言相对容易却很擅长的问题，很容易打开话题。该闲谈的关键点是你真的了解对方的专业领域或兴趣爱好，并且你的请教是真诚的，而非为了请教而请教。同时，注意问题深度，不能将闲谈变为沟通工作。请教式的闲谈同样适用于平级、跨部门、跨专业的同事间。

其三，向下闲谈关怀人。由上级发起的向下闲谈应避开具体工作内容，否则很容易被误解为上级在检查工作或拷问专业能力。对下级表达关怀是恰当的，多使用开放性问题，给对方的回应留出空间。如"最近怎么样？""进公司多久了？""疫情对个人生活影响大吗？""平常喜欢做点什么？""有什么业余爱好？"等。如果一定要说和工作相关的话题，那转述他人对下属的肯定或回忆下属的成绩也是可以的。如"你们总监总夸你"，上级可以用支持下属的态度结束闲谈，表达出"有什么需要支持的尽管和公司提"的观点。这一点同样适用于专业人士——"在这方面有问题可以随时找我"。

沟通层次理论为我们实现沟通自由提供了新的选择，包括选择哪种或哪些沟通层次，以怎样的次序和比重完成沟通。如何选择取决于情境、双方的关系、各自的沟通目标等诸多因素。按需而定、因人而变、随境而变，在自己、他人和环境间建构协调的沟通层次，可确保沟通效率和效果的共同提升。

第7章

选择沟通角色

沟通自由
扭转职场沟通困境的7项选择

引：

你这人总是这样！

"你这人总是这样！"

"没有吧……"

    一个值得深思的现象是，那些熟悉我们或和我们经常沟通的人，常会说"你这人总是这样"。其衍生的表达还有"看，又来了""我就知道你会这么说""你这个人啊，就是改不了"等。

    这种反复呈现的人际互动模式，就像我们被设定了角色和剧本一样。一旦处于规定情境，我们就按照剧本要求，扮演设定的角色，表演类似的表情、姿态，说着相同的话语。当我们处于该沟通状态时，就是在重演自己的内心角色，而非活在真实的当下。

    祝小姐犹豫要不要竞聘管理岗位，在座位上托腮苦思冥想。她的好朋友董小姐走了过来。

    董小姐："咋了？眉头紧锁的。"

第7章 选择沟通角色

祝小姐："这不最近要竞聘管理岗嘛，我犹豫要不要参加呢？"

董小姐："竞聘啊，为什么不参加！咱们这行如果想往上走，早晚都得做管理。"

祝小姐："你说的我都知道。可是，我怕这些年的专业能力被荒废了。"

董小姐："哦，不想丢了专业呗。那你继续深造，让自己的专业能力无人能敌。"

祝小姐："你说得轻松。我都30多岁了，哪还拼得过那帮小孩啊，要体力没体力，要精力没精力。"

董小姐："拼不过是真的，现在小孩学习新技术比咱们快。所以，你还得竞聘啊，你资历足，竞聘是有优势的。"

祝小姐："这些我也想过。可是，万一过几年裁员，将来再强制内退，我就要什么没什么了。"

董小姐："那你就先竞聘试试，自己的专业能力一时半会儿丢不了，给自己一个机会，看看自己究竟是喜欢干技术活还是喜欢做管理。"

祝小姐："你说得轻松。我哪有这么多精力两头都顾啊，我还打算这两年结婚生孩子呢。

董小姐："你总是这样，这也不行，那也不行。以后有事情别问我，我说啥都没用。烦人。"

祝小姐："我哪有啊？"

董小姐："上周，你问我要不要一起参加那个巨贵的培训。再之前，你问我要不要和男朋友分手……"

沟通自由
扭转职场沟通困境的7项选择

董小姐经过多次沟通，总结了与祝小姐的互动模式——"你总是这样，问别人建议又对每条建议都提出异议"。如果将上述对话拍摄成情景剧，我们不难看出祝小姐的角色是纠结、犹豫的，常以寻求建议开启互动，其典型语言为"是的，但是"。而董小姐的角色是热心的、有爱的，她乐于帮他人出谋划策，但往往结果不尽如人意，反倒让自己很挫败。

除了"你总是这样"，还有"我总是这样"。后者常以问句形式被自己总结出来，如"为什么倒霉的总是我""为什么我辛辛苦苦培养的人最后都会离开我""为什么我总是怀才不遇""为什么每次都是我的错""为什么我总是不敢拒绝""为什么我一直被忽略"等。无论人们表达的具体内容如何变化，"总是""都会""每次""一直"这些关键词都传递了一个信息：它们不是一两次职场沟通的发现，而是长期数次在人际互动中反复呈现的个人模式的洞见，甚至是对自己职业经历的总结。

若我们能对自己的沟通模式有所洞察，该是何等幸运。这意味着在认识自我的路上，我们又多迈出一步，同时为自我完善指明了方向。不幸的是，当很多人面对糟糕的结果时，往往停止在"凭什么，为什么"的抱怨或质问中，鲜少思考"怎么办"的问题——"我该如何从这种负性循环中走出来？"另一种不幸是，我们不断重复错误的方式，却期待收获正确的结果。

"职场老黄牛"勤恳负责、踏实肯干、任劳任怨，却常常与升职、加薪无缘。久而久之，就会生出不被重用的感觉。他们或抱怨领导不公，指责他人不该如此对待自己；或哀叹自己运气不好，总是怀才不遇；或选择跳槽以期获得重用，但新单位同样令人失望。

类似这样被形象化的职场角色还有"职场灰姑娘""职场救火队员"等。他们无一例外地被禁锢在剧本式的职场发展模式中，就好像他们的人生只是一场剧本杀游戏一样——拿着编剧写好的剧本，演着规定的角色，接受设定好的结局。

以无意识的心理角色应对工作会极大阻碍我们的职业发展。当我们被其限定，人际沟通中就会呈现对应的沟通角色。长期、稳定扮演相同的沟通角色，会成为个人职业形象的重要部分，并被贴上标签，于是便有了上述的种种职场人物形象。其本质是以无益的心理角色奔向注定失败的结局。

当然，也有一种极致以对自己有所助益的心理角色收获圆满结局——"我总是这么幸运""我这人想做啥都能成"。但他们通常不会质问"凭什么命运对我这么好""为什么我这么成功"，除非他们想要摆脱命运安排，坚持走一条属于自己的道路。毕竟，被剧本安排的生活和"楚门的世界"又有何异？谁不想拥有真正自主、自由的人生呢！

本章旨在探讨心理角色是如何阻碍或助益沟通与职业发展的。在沟通中觉察、识别自己的心理角色是基础；以成人自我状态选择更恰当的沟通角色是关键；打破人际沟通及职业发展负循环是目标。

第一节 心理角色理论

最知名的心理角色理论源自斯蒂夫·卡普曼（Stephen Karpman）的戏剧三角形[①]（见图7.1）。他认为，负性沟通循环中有三种心理角色：迫害者（Persecutort，P）、拯救者（Rescuer，R）和受害者（Victim，V）。学者

[①] ［美］斯蒂夫·卡普曼：《人间无游戏》，田宝，张思雪，田盈雪译，世界图书出版公司 2017年版。

沟通自由
扭转职场沟通困境的7项选择

们注意到卡普曼戏剧三角形更关注消极层面，于是据此创造了诸多新的积极三角形。在咨询和培训中，我们使用最多的是埃默拉尔德（Emerald）的积极三角形[①]（见图7.2），其赋予三个心理角色新的名字：挑战者（Challenger，Ch）、教练（Coach，Co）和创造者（Creator，Cr）。

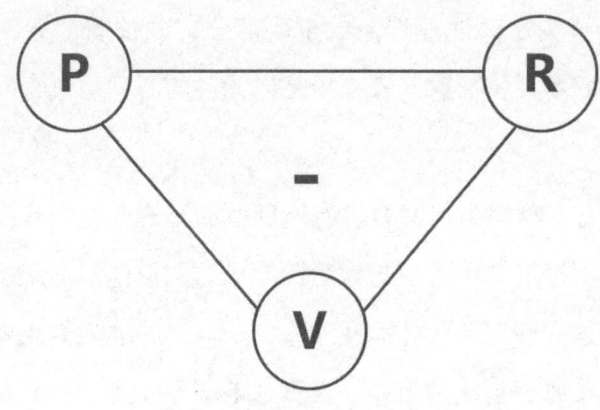

图7.1 卡普曼戏剧三角形

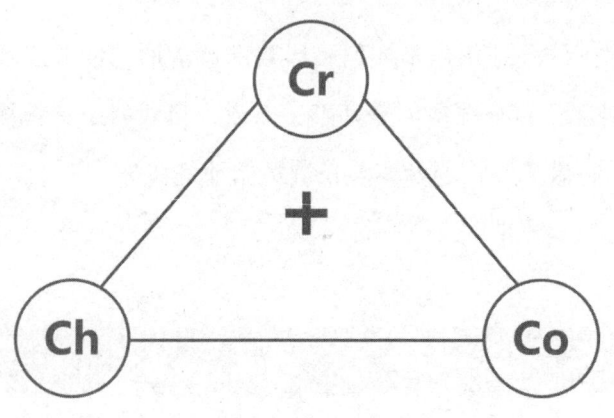

图7.2 埃默拉尔德积极三角形

为便于区别与理解，我们简单地将卡普曼的理论描述为消极心理角色（图7.1中标识为-），将埃默拉尔德的理论描述为积极心理角色（图7.2

---

① Emerald D，*The Power of TED-The Empowerment Dynamic*（Washington: Polaris Press，2016）.

第7章
选择沟通角色

中标识为+）。这不意味着我们否认消极角色中蕴藏着积极因素，如卡普曼新提出的10%溶液规则等。积极心理角色与消极心理角色犹如太极的两仪，虽同源于心理世界，却对立统一。我们不可能永远保持在某一个消极或积极心理角色中，我们无意识或有意识地在其中跳转、变换，也正因为这些不确定和无限的可能性，剧本才精彩，人生才值得期待。

相比前几章，心理角色理论更为融合——无论哪个角色都有一系列相对应的沟通态度、沟通状态或沟通风格等。因此，整合应用前几章理论将有助于我们更好地理解心理角色。

一、消极心理角色

卡普曼戏剧三角形呈现了在负性沟通中，人们不可避免地进入到迫害者、拯救者或受害者角色中。三个角色相互依存，有迫害者就会有受害者，有受害者就会有拯救者，他们会无意识地配合对方。而且在沟通过程中，彼此的心理角色会发生转换。如拯救者拯救失败，可能会变成愤怒的迫害者或无助的受害者。如此反复，便形成了负性沟通循环。

迫害者

以批评、施压或胁迫的方式，使对方产生无能感、无助感甚至无价值感。迫害者多处于负面控制型父母状态。当他看到对方的不足时，不是客观、理性、适度地指出来，而是过度夸大地批评、指责、打压。他的心理地位是"我好，你不好"。具体表现为"我聪明，你愚蠢""我全能，你一无是处""我高高在上，你卑微到毫无存在价值"等。所以，迫害者认为别人需要被惩罚。迫害者漠视他人的能力和价值，甚至漠视他人的生存权。

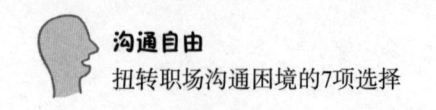

拯救者

常在没有帮助手段或没被请求的情况下向他人提供帮助，并常将他人的责任视为自己的。拯救者多处于负面养育型父母状态。他主动提供关怀、照顾、保护与支持等，却没有考虑对方是否需要，也不思考他的帮助对他人的成长而言是有益的还是有害的。他的心理地位是"我好，你不好"。他的信念是"没有我，你是不行的""我要是不帮你，你就完了"。所以，他不是在提供具体且有限的帮助，而是试图拯救他人的人生。拯救者漠视他人的能力和行动力，却没有给出真正的帮助。

受害者

以无助、无力的弱者形象示人，就好像自己完全没有能力处理自己的问题一样。受害者多处于负面适应型儿童状态。他放大自己的困境和无能为力，将时间和精力耗费在抱怨中，却不寻找解决方法。他常视对方为自己唯一的救命稻草。他的心理地位是"我不好，你好"。具体表现为"我没有办法，只有你能帮我""求求你，帮帮我，救救我"。所以，他将自己的责任完全推卸给他人，总期待有人来拯救自己。其实，受害者并非自己想象得那般无助，他只是漠视自己的能力和价值。

咨询的初始阶段，我们多使用卡普曼戏剧三角形分析令人沮丧的沟通或受阻的职业发展。尽管一些人反感对于迫害者、拯救者和受害者的说法，但它们的确足够直观、形象，且犀利地直击问题本质。正如来访者所言："虽痛但很爽。"

二、积极心理角色

埃默拉尔德认为"受害者取向"是卡普曼戏剧三角形的根源。在心理层面，若没有受害者，迫害者便无法实施迫害，拯救者也无须存在。因此，他强调我们应该以更积极的"成长导向"应对挑战，寻找解决方案。如同硬币有两面，受害者的另一面是创造者，迫害者的另一面是挑战者，拯救者的另一面是教练。

创造者

创造的含义是面对不想要的现状，将思想和行为专注于真正想要的或预期的结果。受害者漠视自己的能力，抱怨现状，逃避或企图摆脱问题。创造者却能从不满的现状中创造性地看到期待的结果，并从内在的渴望与愿望中寻找变得更好的动力。他正视自己的能力，知道自己能做什么，需要如何提升。经过审慎思考，他选择更积极的回应方式，并采取分步法，一点点、一步步地接近梦想，实现预期的结果。

挑战者

以鼓励、勉励的方式对他人的成长与发展提出挑战。如劝你学习新知识、新技能，鼓励你做出一些对你而言困难的决定或采取更积极有效的行动实现梦想等。挑战者会指出你的错误与不足，告诉你生活的教训；也会对你成长的机会予以指点。这些都势必对你的现状提出挑战——如果你想升职加薪，发展得更好，那就必须接纳并完成挑战。迫害者与挑战者都能看到你的不足。但是，前者漠视你有改变的能力；后者相信你有能力变得更好，并采取具有挑战性的方式激发你实现潜能。

教练

以倾听、观察和协助的方式在他人心中培养力量和希望。拯救者视他人的责任为己任，事必躬亲地接过你的任务。但教练只是站在旁边，通过

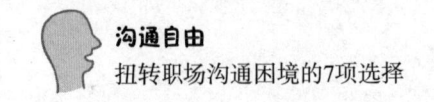

倾听、提问帮助你澄清问题、评估现状，指引你看到新的可能性，协助你挖掘潜在力量，制订行动计划，并提供在他责任范围内的支持。

咨询的中期，我们会使用埃默拉尔德的积极三角形引导来访者思考：我们如何以积极的、发展的视角看待曾经的三个角色，我们又可以怎么做。睿智的来访者总是感叹参照积极三角形工作或生活更困难。的确如此，积极的成长导向要求我们突破本能、挑战自我、直面问题，这比本能地待在习惯的模式中艰难得多，但所有的结果都告诉我们：虽难但很值。

上述两个心理角色理论，前者剖析原因，后者提供新的可能。整合使用两者，为走出消极心理角色，以积极心理角色应对困难指明了方向，搭建了桥梁。因此，在培训中，我们会同时使用它们。另外，对于理解正效能沟通和成功的职业发展案例，积极三角形理论更胜一筹。同时，它揭示了何谓真正的职场榜样。

第二节　现实角色与心理角色

在谈论心理角色对沟通及职业发展的影响之前，十分有必要梳理现实角色和心理角色的不同。

首先，上述理论研究的是心理角色，而非现实角色。心理角色和现实角色可能是不一致的。

在第一节祝小姐和董小姐的案例中。董小姐在现实中看到祝小姐发愁，主动提供建议的行为被认为是热心助人的。但在心理层面，董小姐忽略了祝小姐是否需要帮助，自己又是否能真正地提供帮助。因此，董小姐的心理角色是拯救者（在对方未求助时就主动给予建议），但现实角色并不是拯救者，因为其未能帮祝小姐解决任何问题。祝小姐在现实中并没有做任何伤害董小姐的实质性行为，但在心理层面，祝小姐否定了董小姐提出的每条建议，这让董小姐产生了挫败感，感觉自己很没用，自己是不行的。这样的互动，在心理层面，祝小姐扮演了迫害者角色（"你说得都没用"），董小姐进入受害者角色（"我说啥都没用"）。

其次，心理角色和现实角色可能是一致的。

梁先生是某集团公司部门的副总经理，工作认真负责，业绩很突出。半年前公司架构调整，缩减了分公司数量。因此，有部分分公司总经理被安排到集团公司任职。杜先生就这样成了梁先生的顶头上司。

在杜先生上任后，部门很快形成两股力量，一波追随老领导，一波看好新上司。两股力量势均力敌，暗自较量。近几个月，杜先生凭借自己的总经理身份，不仅在项目分配上明显照顾自己人，更将梁先生项目的骨干逐一调离。随后，在集团季度例会上，杜先生将梁先生团队的业绩也归于追随自己的员工。很显然，梁先生一步步被架空。

面对杜先生的所作所为，梁先生有点蒙，原以为对方只是来集团挂职一阵子就会离开，没想到要被别人真真实实地切断自己的上升通道。他开始焦虑、失眠，完全不知道能做什么。在集团公布了裁员计划后，梁先生更加焦虑，觉得自己就要被裁了。他对杜先生很愤怒，如果不是他，自己便不会有被裁的风险，还可能顺利升任总经理。他对自己的下属很生气，觉得他们不忠心，背叛了自己。他抱怨CEO忘了自己的成绩和努力，又期待对方能帮他保住工作，甚至调走杜先生。

杜先生的抢功、架空行为对梁先生造成了实质性的伤害。在现实层面，他是迫害者，以非正常手段破坏了梁先生的正常工作；在心理层面，他也是迫害者，通过漠视梁先生的成绩、能力和价值，传递着"你在这里

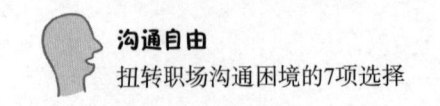

沟通自由
扭转职场沟通困境的7项选择

没有存在价值"的态度。

毫无疑问，现实层面的梁先生是受害者。在心理层面，梁先生也是受害者。面对杜先生的行为，他很快进入"我不好，你好"的心理地位。虽然他对杜先生愤怒、不满（"你不好"），潜意识却认为杜先生是强大的、有手段的（"你好"）。他的"完全不知道能做什么"表达了他的真实想法——"我斗不过你"（"我不好，你好"）。同时，他对CEO的期待验证了他作为受害者的心理角色——"我没有能力应对现状，我需要你的帮助，只有你能救我"（"我不好，你好"），他期待CEO成为自己现状的拯救者。

再次，无论现实角色或本能进入的心理角色如何，我们都有选择。

董小姐在觉察出祝小姐的互动模式后，可以更客观地看待自己的挫败感：并非自己的建议无用，而是任何他人的建议都无法解决祝小姐自己的犹豫。这种观点将帮助她走出受害者的心理角色。在之后的类似情境中，董小姐选择不再进入拯救者的心理角色。当她忍不住又要提出建议时，想想以往的互动，她决定换一种方式。她没有直接提出建议，她邀请祝小姐具体说说自己的想法，而后对她说："我能理解你的犹豫，这的确是两个不同的方向，换谁都得慎重考虑。有什么具体需要我做的，你和我说。"这样，董小姐通过倾听给予祝小姐表达与梳理自我的机会，共情祝小姐的两难处境，同时表达了支持。董小姐既未扮演万能的拯救者，也未导致自己成为心理上的受害者。

同理，现实中的梁先生是受害者。但他凭借自己的实力在集团担任部门副总经理，绝非庸碌之辈，不像他自己认为得那般毫无应对之力。只是受害者的心理角色困住了他。经过数次咨询后，梁先生走出受害者的心理角色，以成人自我状态客观、理性地分析自己的优势及资源，梳理目标，制订行动计划。最终，梁先生拿回重点项目的负责权，召回骨干并重建了核心团队。

在现实生活中，面对迫害者，如果我们陷入无助、无力的受害者角色中，迫害者会更加肆无忌惮。反之，如果我们能以勇敢、有力的角色面对迫害者，迫害者即便不会因此退却，至少也会有所收敛。

现实角色可能会导致相应的心理角色，但二者不可被等同视之，他们对个体的影响也截然不同。欣慰的是，无论现实角色或心理角色如何，我们都有选择，选择以更有益的角色应对困境与挑战。

第三节　识破沟通陷阱

消极心理角色阻碍沟通和职业发展。

代入消极心理角色的沟通暗藏陷阱，又因迫害者、拯救者和受害者相互依存，因此沟通双方会共同坠入陷阱，导致沟通失败。若我们对此毫无察觉，就会一次次陷入类似陷阱，受害者始终无助，拯救者总想拯救，迫害者一直迫害。反复再现的人际互动模式成为个人职业形象的重要特征，影响自我认知和他人对我们的判断，从而影响个体发展。

所谓陷阱，表面上看起来正常，甚至美好，实质却是等待猎物自坠其中、身陷困境的深坑。沟通陷阱亦然，显性的表面信息毫无异样，合情合理，甚至更动听、感人，结局却毫无例外地令人沮丧、挫败。

当然，基于"我好，你好"的信念，我们申明，本书所涉及的沟通陷阱绝大多数出于无意识行为，而非故意为之。也就是说，沟通双方都未能清晰地意识到沟通中藏着坑，埋着雷。所以，一旦发生陷阱类沟通，结果往往两败俱伤。

心理角色理论为我们理解沟通陷阱扩展了信息深度与时间维度。信息深度指的是我们需要透过沟通的表面信息看到其背后真正表达的内容。时间维度指的是以长期的、发展的视角评估沟通效能。我们既要关注单次沟通，又要对长期沟通的结果有预估、预判——如果一直重复该沟通模式将会导致什么结果？

职场沟通陷阱有很多，以下情境较为常见（见表7.1）。我们选择几例，通过心理角色理论做分析示范，希望其中的方法与思路有助你识破更多沟通陷阱。

表 7.1 常见职场沟通陷阱

序号	表面/开始	实质/结果	
		我	你
1	我是为你好	好心没好报	你就是不行（让我说中了吧）
2	没事，我帮你	我总是看错人	你真是扶不起的阿斗
3	我看好你	我等着看你笑话	你果然不行
4	我需要你	没人能帮我	你也没什么用
5	（我请）你来评评理	没人理解、支持我	你们都不好

一、我是为你好

严苛型和絮叨型领导都常将"我是为你好"挂在嘴边。前者的本意是"我要帮助你变得更好"，但其苛责的行为与"迫害者"无异，时刻传递出"你很差，你不行"的信念。后者的言行多为"我要照顾你"，本意是"避免你受到伤害"。他们温和地扮演着拯救者，实则传递着"没有我，你不行"的信念。他们会积极寻找一切机会证明自己的信念。这样的互动模式会让对方退缩，从而减少甚至极力避免与他们接触，最终远离他们。此时，他们便会哀叹"我的好心没好报"，或斥责"你恩将仇报"。

所以,"我是为你好"的沟通陷阱,表面是"我在帮助你变得更好,我要照顾你、保护你"的诱惑,深坑里埋着"你不行,你很差""没有我,你肯定会出问题"的打压。

阮女士叙述的经历和感受,如实地还原了严苛型领导的沟通情境及发展。

我曾遇到一位上司,刚入职的时候听说他很严厉。在我入职前的两个月里,被他骂走了三四位总监。

我终生难忘的是他修改我们方案的情景。他严苛得像一台精密仪器。任何一个跑位、不一致的字体、全角半角错误、图片纵横比失调……他全能看出来。PPT每页的字数、行数,图表边距都有严格要求;播放中每页的标题、页码、备注、小标题都不能跳位;所有小标题连读应是一篇结构完整、逻辑清晰且语言优美流畅的短文。当然,除了这些细节,他对内容要求也相当高。曾有一个案子被颠覆了四次,那种感觉真令人崩溃。我在办公室哭到凌晨三点,一个字也写不出来,脑子里全是他对我的质疑与否定——"你能胜任这份工作吗?你真的很差、很糟糕!"

他对我还算好的,对男同事更凶。动不动就是"上班带没带脑子来""能干就干,不能干就滚蛋"等的批评。骂爽了,还追加一句"我这么严厉,都是为你好""如果不是想培养你,我骂都懒得骂"。

如果我们再犯错,他就会说"怎么着,我骂你骂错了吗""是不是让我说中了""说你的时候不愿听,就像我要害你似的"……

我在他手下工作了三年,是坚持最久的员工。虽然,三年的时间我学到了很多,专业能力飞速提升。但最终还是受不了那种心理压力,选择了辞职离开。

后来，我听说他依旧留不住人。看到他一个人孤军奋战，有点心疼，也有点替他难过。我很感激他，但绝对不会再回去和他一起工作。我知道他那样做并无恶意，想毫无保留地教我们。但那种相处模式对人而言是摧毁性的，真的很难扛过来。

成长有很多途径，我们不建议选择最舒适的，但更不主张选择虐待式的。我们听了太多"都是为你好"。真的为你好，是如挑战者展示更好的可能一样，指明改进的方向；如教练给你信心和支持一样，保护你的动力，激发你的潜力，并协助你采取更有效的行动。反之，让你感觉被消耗、被否定、被束缚的"为你好"，很可能都是陷阱。

二、我看好你

"我看好你"有两种可能。

一种是有意识的真陷阱。在明知对方实力不足的情况下，仍将对方架高，却不给予任何资源或行动支持，坐等对方犯错、失败。

另一种是无意识的沟通陷阱。对方相信你的能力，一心想将你推向更高的职位。但对你的实力缺乏准确评估，或对你的职业发展考虑不周。最终导致结果不理想，双方都很挫败。在现实层面，他要成为你职业生涯的伯乐、贵人，丝毫未意识到在心理层面他只是在扮演拯救者——忽略你的真实需要和能力，强行将你推上位。面对失败的结果，他进入迫害者的心理角色，很可能因为你的一次失败而否定你过往全部的成绩与努力并怪罪你，说你以往的表现都是假象，你欺骗了他，辜负了他对你的信任。

对于职场中层而言，此类沟通陷阱尤为危险。中层职位竞争激烈，不会总有空缺等着你，而且你的失败会成为履历的一部分，影响到个人职业形象。

所以,"我看好你"的沟通陷阱,表面是"你有能力,你肯定行,你值得更好"的诱惑,深坑里埋着"你早晚会出错""总有你不行的时候"的捧杀。

蓝先生是位业绩不错的销售总监,很得老板赏识。

公司架构调整,将千万级客户整合为VIP客户部,并任命蓝先生为该部门总经理。蓝先生是开拓型总监,擅长开发新客户、维系客户关系。VIP客户多是公司的战略合作伙伴,针对VIP客户的日常工作以专业服务为主。蓝先生接手新部门后,根据以往经验调整团队架构、工作方式。经过半年的磨合与适应,新部门的运营还算平稳。毕竟开拓客户与服务客户紧密相关,蓝先生又有较强的学习与适应能力。一年后,新部门营收增长,成绩显著。

此时,公司通过收购的方式涉足新领域。新领域的新业务与公司的传统业务毫无关系,公司缺乏相关的人才储备,一时竟无合适人选担任新业务总经理。老板看到VIP客户部运营平稳,小有成绩,决定任命蓝先生为新业务总经理。老板对蓝先生描述了上述困境,希望蓝先生能在关键时候担起重任。最后,老板强调:"公司这么多总监、总经理,我最看好你。"

蓝先生虽然对新业务毫无把握,但想想这些年老板对自己的器重,觉得自己应该为公司分忧,更不能辜负老板的期待,于是答应了老板。

很遗憾,新业务对全公司而言都太陌生。面对激烈的市场竞争,蓝先生拼尽全力却未能阻止新业务沦为公司的鸡肋项目。此时,他想重回传统业务部门,但这个部门早已没了自己的位置。对新业务寄予厚望的老板将

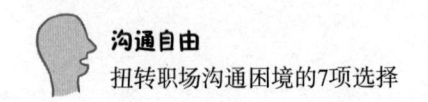

失败的结果归责于蓝先生，甚至要求对其做降职降薪处理。

我们需要被认可、被肯定，但更重要的是认清自己。对自己的实力和处境做客观评估，若有"我也看好自己"的底气，那就放手一搏，努力争取。若无这般底气与实力，坦然承认"对不起，我不看好自己"又何妨。"知其不可而为之"并非都源于道义或勇气，也可能只是虚荣的冲动或无知的莽撞。

三、你来评评理

在"你来评评理"的沟通中涉及三方。有时三方同时在场，有时只有两方在场。为便于理解，我们将发生冲突的双方称为甲方与乙方，被邀请的评理者称为丙方。

甲方常以受害者的心理角色发起沟通，如"有件事，你来评评理""这件事，您必须说句公道话"等。他表现出自己说不清、解决不了的姿态，迫切需要一个拯救者来帮自己。所以，无论甲方的现实处境如何，其都期待丙方是支持自己、站在自己这边的。但丙方若扮演甲方的拯救者，就必然成为乙方的迫害者。

在乙方不在场、非原则性问题、有明确对错标准或情感偏向等情境下，丙方很容易扮演甲方期待的拯救者。如"就是，他这件事做得不对""放心，我挺你""这件事交给我，我一定帮你要个说法"。上述情境更多发生在情感关系中，其利弊与结果不予展开。

在职场沟通中，丙方更常见的做法是各打五十大板。甲方没得到拯救者的支持，还受到迫害者的批评，自然心生不满，乙方也一样。于是，甲乙双方都抱怨丙方未能主持公道。丙方沦为"受害者"。

第7章 选择沟通角色

所以,"你来评评理"的沟通陷阱,表面是"你有能力,你会主持公道"的诱惑,深坑里埋着"你不公正、偏袒"或"就会和稀泥"的抱怨。

业务部闵总负责集团某合作项目的前期开发与谈判工作。该项目对公司而言不算大事,但对闵总而言意义非凡。

闵总和团队前期投入了很多精力,工作推进顺利。目前只需要法务部协助签署相关文件,项目就算取得阶段性胜利了。但法务部季总明确表示之前对该项目知之甚少,不能贸然签字。其理由是无论谈判进展如何,都是口头说法,无须负法律责任,一旦法务签字,白纸黑字具有法律效力,不能有任何一点疏漏。因此,他必须全面了解项目进展的过程和细节,综合评估后,再决定是否签字。

闵总对这样的回复和要求特别愤怒。他认为法务就是没事找事、小题大做,在这个节骨眼上找存在感。同时,他又担心竞争集团抢在自己前面,那他这大半年的辛苦可就白费了。闵总越想越着急,觉得一分钟都不能耽搁。于是,他火急火燎地冲进了麻董事长的办公室。

麻董事长被下属破门而入,已经恼火。大概听了几句后,便对闵总说:"你是公司老人了,怎么做事还跟毛头小伙子似的。季总说得有错吗?不应该谨慎吗?你们一线领导个个自视甚高,觉得公司都靠你们养着。支持部门还敢为难你们?自己好好想想吧。"

随后,麻董事长将季总叫到办公室,对他说了这番话:"小季啊,业务部项目的事,你的考虑没错,是得谨慎。但这个项目业务部忙活了大半年,花费了很多心血,你们也要多理解、多支持啊。不能因为事务性工作耽误项目进度。你们再沟通沟通,看看需要了解哪些信息,我让闵总全力配合你。"

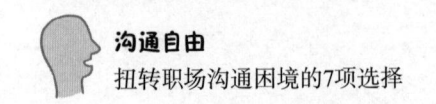

闵总听了这番话，很是不满。本来希望董事长能帮忙说句话，让法务部别那么多事，抓紧签了就完了。现在不仅挨顿骂，还得照样和法务部汇报。

季总就更不满了。董事长的意思是，万一项目没谈成，倒成了法务部拖后腿，这责任谁担得起啊！看来在集团，法务部不是摆设就是背锅的，真是毫无价值感。

"你来评评理"的真实目的往往不是"真的要说理"，而是"谈谈情"（在情感、态度、立场上支持我）和"帮帮我"（满足我的需求，哪怕是不合理的）。如果纠缠于表面信息的说理，必然会将自己置于两难境地。身在职场，大部分人不会无理取闹，敢于引发、制造冲突的，内心都占着理。因此，我们要读懂评理背后的深意，情感上无条件支持，需求上有技巧地满足。当然，具体行动前的评估、判断与决定也至关重要。有些不该管、不能管、管不了也不想管的，那就不管。从沟通陷阱的边缘绕开，不卷入他人的戏剧三角形，是明智的选择。

（上述案例侧重分析，应对建议见下一节。）

第四节　规避沟通陷阱

积极心理角色助益沟通和职业发展。

朱莉·海（Julie Hay）关注到消极心理角色中的积极资源——迫害者的力量、拯救者的责任、受害者对自身脆弱的承认。[1]这有助于我们理解埃默拉尔德的积极心理角色。挑战者的力量可为他人提供保护、树立榜

---

[1] ［英］朱莉·海：《态度与动机》，张思雪，田宝译，机械工业出版社　2020年版。

样，并指明成为榜样的发展路径。为维持这份力量感，挑战者也在自我挑战和持续进步。教练在自己的责任范围内帮助他人变得更好，并始终伴其左右提供支持。能力越大，责任越大，反之，同样成立。担负更大责任的渴望推动着教练不断提升自身能力。创造者突破现实困境，看见并相信预期的未来，知晓并承认自身缺点与不足，努力弥补与成长。向挑战者学习，寻求教练的支持，一步步接近自己的预期目标。

因此，代入或成为挑战者、教练、创造者可规避沟通陷阱。

从高效能沟通与成功的职业发展案例中，我们发现其主角多习惯以积极心理角色思考与行动。所以，接下来讨论的重点是，如果我们总是不经意地挖掘或坠入沟通陷阱，我们该怎么做才能走出消极心理角色，走向积极心理角色？

一、转换心理角色

在"成为某个角色"前，有意识地扮演是有效的训练方式。当你代入或被卷入消极心理角色中，以成人自我状态将消极心理角色转换为对应的积极心理角色，可终止负效能沟通及其对发展的负性影响。

整合戏剧三角形和积极三角形，我们绘制了心理角色的转换模型（见图7.3）。该模型旨在强调以下四点。

1. 心理角色中消极与积极的一一对应关系。

2. 心理角色的转换是从无意识到有意识的过程。

3. 模型隐藏着一个大大的字母A，揭示了成人自我在转换中的作用。

4. 从受害者到创造者的路途最长，因此转换最难。这与埃默拉尔德的观点不谋而合，其认为受害者是中心角色，从受害者取向转换为创造者导

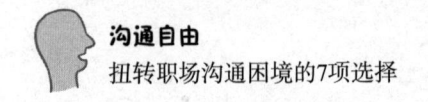

向的生活更为艰难。

（第二章中的成年人模型将有助于你理解这部分内容。）

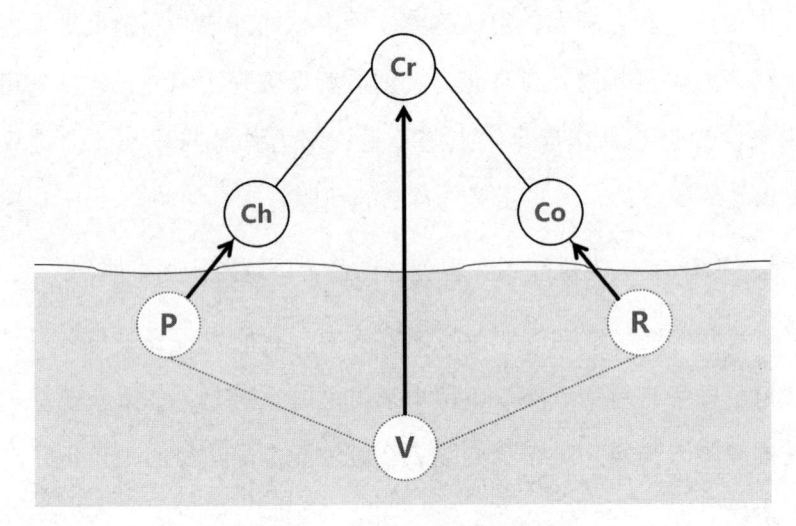

图7.3 心理角色的转换模型

实现心理角色的转换，有三个必要步骤。

1. 觉察、识别自己的无意识心理角色。识别的线索包括你的感受、似曾相识的情境、心理地位、沟通中的漠视等。

2. 找到对应或更为恰当的积极心理角色。对比思考，积极心理角色会如何思考，将有哪些不同的感受，可能会做什么，以及怎么做。

3. 选择想做且能做到的，开始行动。相对而言，消极与积极是两个极端，两个极端之间，有多种可能。我们能做到哪一步，想以什么方式与节奏去做，权衡、评估、预判，而后选择我们的计划与行动。更何况，在有些情境下跳出上述角色也是适宜的，比如做一个观察者。

在"我看好你"案例中，蓝先生是下属，却扮演了拯救者的角色，导致发展失利。如果蓝先生能觉察、识别出自己拯救者的角色，便会对这几个问题有清晰认知——考虑新业务有无合适总经理人选不是自己的责任；

自己的能力对胜任新岗位毫无把握，并不能提供真正的帮助；除了自己，老板有能力解决新任人选问题。明确上述问题后，蓝先生可以选择恰当的方式拒绝该调任。出于责任感，蓝先生可从拯救者转换为教练——不直接负责新业务，但仍可以做些什么，并计划怎么做。如可提供新团队哪些支持，如何将新业务整合到现有业务中等。蓝先生可将支持计划提交老板，并表达正是出于对新业务更负责的态度，才不能直接出任总经理的想法。

在"你来评评理"案例中，麻董事长避开了闵总期待的"拯救者"的角色，并没有代替闵总解决问题，却掉入了迫害者的角色，其表达的信息是"这个问题是你自己造成的"，颇有点"你活该"的意味。很显然，三方都不满意结果，有人如受害者般觉得自己受委屈了，有人如迫害者般在心理上抱怨，在行动上不予以真正配合。如果麻董事长意识到自己进入"迫害者"的角色，便会停止在此时批评闵总，警告季总。

当我们应对评理问题时，直接从迫害者转换为挑战者也是不妥的。因为评理的潜在需求是"谈谈情"和"帮帮我"。较为恰当的做法是先以教练代替被期待的拯救者。麻董事长可以先回应闵总的感受，理解项目对他的意义、他的着急与担忧。在全面了解事情原委后，询问、鼓励闵总言明真实需求——"期待我帮你什么"。而后评估期待的可行性、现状的阻碍等。当闵总被理解、被倾听后，其情绪恢复平静。此时，麻董事长可以选择挑战者角色，指出期待中的不合理之处、问题的难点甚至闵总以往与支持部门的相处问题等。最后，提出解决问题的建议，激励闵总即刻行动。

在沟通中，参与者及彼此之间的关系、具体问题的性质等因素千差万别。因此，即便是同一类沟通陷阱，人们规避的方式也不尽相同。以上步骤提供了心理角色的转换思路，如何选择还取决于个体在具体情境中的判断。

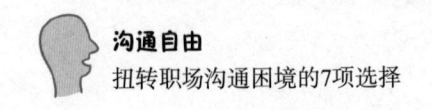

二、选择沟通角色

消极心理角色无法彻底规避，积极心理角色绝非一蹴而就。因此，在代入或成为积极心理角色前，我们还可以在消极心理角色和积极心理角色之间做出选择，选择有助于解决问题、有利于发展的沟通角色。有益的沟通角色通常具有如下特征。

- 思维的辩证性

无论是斯蒂夫·卡普曼的10%溶液规则，还是朱莉·海的能力金字塔，都旨在引导我们看到消极中的积极因素。反之，从获益中看到潜藏风险的思维也同样重要。

阮女士面对迫害型领导，能坚持跟随三年，恰恰是感受到了领导很专业，也真心想教自己的想法，最终实现专业能力飞速提升。同时，在专业能力飞速提升的另一面，她也看到了心理伤害，两相比较，选择辞职离开。

更具迷惑性的是拯救型同事或领导。他们的热心、主动让我们很难辨识其行为可能带给我们的负面影响。甚至当我们偶尔闪过这样的质疑时，都会自责内心的黑暗。视角的发展性为我们提供了新的思路。

- 视角的发展性

言行的固化塑造了角色，限定的角色造就了既定的结局。因此，仅从单次沟通探询真相是不够的。

强先生是在入职一年后突然被辞退时走进咨询室的。

强先生："其实我的上司对我特别好，工作中一直照顾我。我实在不明白为什么她会突然把我辞退了。"

咨询师："请具体说说，在工作中，你的上司是怎么照顾你的？"

强先生："当我每次犯小错误的时候，她从不追究，反而会安抚我说没关系，以后改了就好。有些工作做得不够好，达不到她的要求，她会自己动手帮我改或亲自处理。我觉得她对我特别包容，是想培养我的。"

咨询师："那后来类似的工作，你完成得怎么样？达到她的要求了吗？"

强先生："这个……好像我已经习惯她肯定会帮我处理。可能，我就没强求自己。她是总监，我的水平和她差得远。有时候我觉得自己努力好几天写的东西都不如她几个小时写的。所以，我就想着不如等她改吧。"

强先生与上司的心理角色是典型的受害者与拯救者。上司帮下属善后，是示范，也是制定标准，潜台词是"以后照我这样做"。下属未能理解这层意思，反倒觉得老板为人和蔼，不会责罚自己。不仅未能主动成长，反倒形成依赖。类似情境一再上演，上司就会觉得这个员工带不出来，并生出了恨铁不成钢的失望和愤怒。于是从"我帮你"的拯救者转换到"你真的不行"的迫害者。

"授人以鱼，不如授人以渔"。同理，求人以鱼，不如求人以渔。将一次的好坏、得失放在长期的重复中推演，想想会给自己带来什么？这便是发展的视角。

- **具有边界意识**

边界，最简单的理解是分清我和你。

拯救者视他人的责任为己任，他人的事就是自己的事，所以他人做不了的，自己来做。教练则明白，自己有责任帮助他人成长，但永远不能代替他人工作。

受害者与拯救者恰恰相反，他们将自己的责任拱手相让，坐等别人来

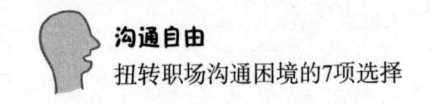

帮助、成全自己。创造者则明白，解决问题是自己的责任，能力不足可以请教，但路还是要自己一步步走的。

边界，还意味着尊重和信任。

迫害者要尊重他人的信念、想法、价值体系；尊重他人作为独立个体存在的价值与意义；相信他人有能力为自己的成长负责。正是因为这样的尊重和信任，当迫害者转换为挑战者时，挑战才成为挑战，否则与蔑视或侵略何异？

拯救者要尊重自己的情绪、感受和体验，尊重自己的价值和意义。即使自己不帮助他人，自己依然是有价值的、是好的。不用担心对方不开心，那是他人的事情，他人有责任也有能力自己解决问题。如果自己内心并不真的想做，那就不做。

受害者要相信自己有能力改变现状，应对问题，拥有更好的未来。

- 独立与共生并存

职场有一种特殊的共生关系，通常出现在上下级之间。上级扮演父母角色，关照、指导、教育、命令或安排下属的工作；下属则扮演儿童角色，全盘接纳上级的照顾、指导或安排等。双方各自处于单一的父母自我状态和儿童自我状态中，好像其他自我状态都不存在一样。所以，双方表现出的自我状态都是缺失的，加起来也是不完整的（见图7.4）。

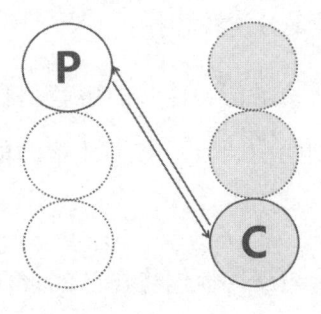

图7.4　共生关系的PAC图示

第7章
选择沟通角色

共生关系不利于沟通，并令双方发展受阻。

迫害者和受害者、受害者和拯救者的关系是不健康的共生关系。强先生和上司是受害者与拯救者的共生关系，一个形成依赖，一个极力拯救。强先生在一年的被照顾中没有任何成长，最终丢掉工作。这一年，上司很辛苦，但没能培养出满意的下属。不出意外的是，上司很可能陷在该模式中，很难带出更有实力的队伍。

共生关系中的任何一方都可以打破该模式。如果强先生启动成人自我，明确自己的责任，那么即便上司想亲自处理，强先生也可以表明"不能让您一直帮我改，您费心教我，我想一点点进步"的想法。或者在上司帮助后仔细研究差距，通过请教、自学等途径提升自己的能力，让自己变得更好。同样，上司发现下属对自己产生依赖或觉察到自己的拯救行为后，可以主动停下来——"记住，我是教练，我可以协助你、支持你，但不可以代替你"。

打破不健康的共生关系以保持个体的独立性是避免代入消极心理角色的途径之一。同时，积极心理角色鼓励发展健康的共生关系。所以，我们既要保持个体独立，又要信任他人、适度求助，还要贡献自己的爱与力量服务他人，助力他人成长。

选择有益的沟通角色是在独立和共生间寻找适宜的平衡。

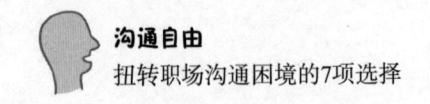

沟通自由
扭转职场沟通困境的7项选择

成长专题 5 回溯生命故事——洞察职业发展剧本

成功千篇一律，失败各有不同。

在职场中，被标签化的角色总以"输家"居多，如"职场灰姑娘""职场救火队员""职场西西弗斯"等。角色遵照设定以个体独特又雷同的方式应对人生困境，走向可预见的结局，便是职业发展剧本。

职场灰姑娘把发展的希望寄予他人，永远在等待有朝一日被赏识、被提拔，结局往往一场空；职场救火队员总是忙于救他人之火，却忽略了自己的发展和需求，结局不是被过多琐事困住，就是直到某次救火失败，赔了自己又塌了人设；职场西西弗斯日复一日地艰辛工作却看不到意义和希望，他们可能选择跳槽改变现状，却一次次重蹈覆辙，再一次次跳槽。

如果选一个角色代表你，你会是谁？

如果将你的职场发展故事写出来，又是一部怎样的剧本？

回溯生命故事，可窥见职业发展的趋势与主体脉络。若你对自己的职业剧本充满好奇，可参考下列问题[①]自主练习。若想更深入理解自己的剧本，或你不满意现状，发展遇到阻碍、困难，并希望有所突破，发展更顺遂，还需求助专业人员。

一、剧本元素

1. 你如何描述工作中的自己？

2. 你的父亲、母亲或其他共同生活的人，他们曾表扬、鼓励、肯定你哪些方面？

---

① 完整的职业发展访谈问卷由施秀梅和李立春共同研发，本文选取了部分问题。

3. 你的父亲、母亲或其他共同生活的人，他们曾批评、否定、斥责你哪些方面？

4. 你的父亲，母亲或其他共同生活的人，他们分别从事什么工作，分别怎样看待自己的工作？

5. 在你的生命中，有谁教过你应该怎样工作吗？他们是谁，具体说了什么或做了什么？

6. 在你的生命中，有谁教过你"工作中绝对不能做"之类的事吗？他们是谁，具体说了什么，是怎么说的；他们做了什么，是怎么做的？

7. 当你遇到困难时，你会怎么想，通常会做什么？你对结果满意吗？

8. 在你的生命中，有人和你说过"你是个怎样的人"之类的话吗？他们是怎么说的，具体说了什么？

9. 小时候，你最喜欢的童话、神话、影视剧或其他文学作品是哪个？在这个故事里，你是谁？你最喜欢这个故事的哪个部分？

二、现实剧本

10. 工作以来，你感觉快乐、有意义的事是什么？它对你的意义是什么？

11. 工作以来，你感觉挫败或遗憾、懊恼或后悔的事是什么？它对你的影响是什么？

12. 工作中还有其他令你难忘的事吗？是什么事？你在其中的角色是什么？有谁令你难忘？原因是什么？

13. 你认为工作对你的最大挑战是什么？请选择1—2个例子，面对困难你是怎么想的，又是怎么做的，结果如何？

14. 说说职场中对你影响较大的人。你们是什么关系？他/她说过什么或做过什么？他/她对你的影响是什么？

15. 在工作中，有谁告诉过你"你适合做什么，应该往哪个方向发展"之类的话，他/她是怎么说的？

16. 你的下属、同事、上司或客户等怎么看待你？他们认为你是怎样的人？

17. 将你从工作到现在的经历写成剧本，简要概述这个故事，并给它取个名字。

18. 如果现在的剧本是你职业发展的前半部分，你对它满意吗？有什么地方是你想调整的？

三、理想剧本

19. 想象一下，剧本的后半部分由你自由书写。你会怎么写？（或者想想你更想拥有像谁一样的职业生涯，他们是谁？那是怎样的故事？）

20. 在剧本中，你最渴望、最期待成为什么角色，这个角色的特征是什么？

21. 新角色的主要挑战是什么，你将会经历怎样的困难或冲突？你将如何成功应对它们？

22. 剧本中的其他人（下属、同事、上司或客户等）怎么看待你？

23. 剧本的结局是什么？

24. 如果给剧本的后半部重新取一个名字，会是什么？

25. 为了完成理想剧本，你觉得你需要做些什么？如获得哪些技能，采取怎样的新行为等。

26. 为了完成理想剧本，你觉得你有哪些资源可以利用，谁能指导你，谁能帮助你，你如何获得他们的支持？

27. 为了实现理想结局，你需要制订一个行动计划，这个计划将分几个阶段，从什么时候开始，具体如何实施？

第8章

实现沟通自由

沟通自由
扭转职场沟通困境的7项选择

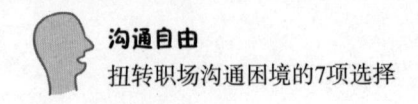

引:

系统视角看沟通

沟通是当下的,也是关联过去与将来的;

沟通场域是既定的,更是无垠、变化的;

沟通主客体既可以是个体,亦可以是群体;

沟通,不仅要我们身在其中,还需置身事外;

沟通关乎如何说话,更关乎如何存在与发展。

  缺乏系统观,就无法真正实现沟通自由。

  沟通,是具体的一句话、一个表达;是关系的建立与推进;是形象的塑造与传播;是事态的发展与变化;是人生剧本的形成与改写……无论我们是否察觉,内部沟通无时不在;无论我们是否愿意,人际沟通不可避免;无论我们选择如何度过此生,都是与世界进行以人生为长度的沟通。

  所以,沟通是一个刺激与一个回应,更是蝴蝶振翅引发的连锁反应。因此,不能以更宏大的视角理解沟通,但忽视沟通系统的复杂性、交互性、变化性及动态平衡性,就无法真正实现沟通自由。

  以下案例呈现的便是那些脱离系统看沟通的盲人摸象行为。

  "见到你真高兴"。

  如何看待并预判这句话的沟通效果呢?

第8章
实现沟通自由

朋友久别重逢、亲人如约相见、同事休假返岗，在这些情境中，该表达可能是适宜的。我们能感受到，表达者的沟通态度是"我好，你好"。我们可以猜测无论他们处于自然型儿童、养育型父母或成人自我状态，他们一定都是积极的。这句话的内容是在表达情感，位列沟通层次的较高等级。我们推测该表达有助于增进关系，建立亲密关系。

将"见到你真高兴"具体到关系中，或许另有深意。

贾小姐和路小姐一向不和睦。

两周前，路小姐申请休年假。贾小姐对她在旺季提出休假原本就不满，经理又将路小姐的部分工作交给贾小姐，贾小姐在心里更是百般怨怪路小姐。

当路小姐休假回来后，正神采奕奕地和同事分享休假趣闻，贾小姐走上前，说了句："见到你真高兴。"

有了关系信息，我们很容易判断这句话是隐藏沟通。贾小姐真正想表达的意思是："你可算回来了，终于不用再替你干活了，这才是我真正开心的原因。"其沟通态度是"我好，你不好"，表达了不想和对方深度沟通，只求迅速摆脱沟通的倾向——"赶紧把你的工作领走"。可以想象，路小姐对这种绵里藏针的攻击感到愤怒，她不仅不会感恩贾小姐为自己分担工作，还可能因愤怒无法表达而导致关系进一步恶化。

我们要为"见到你真高兴"设置具体情境。

医生接诊重病复发的患者、狱警收押二进宫的犯人、殡仪工作者接待哀伤中的家属。显然，"见到你真高兴"不仅不恰当，甚至是错误、忌讳的。

再感受一下不同语序中的"见到你真高兴"。

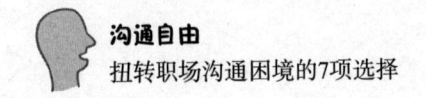

沟通自由
扭转职场沟通困境的7项选择

娄处长是危主任的老上司，已经退休。在中秋前，危主任登门拜访娄处长。

（情景1）

危主任一进门，娄处长就拉起危主任的手："见到你真高兴啊。"

危主任："您高兴我就放心了，怕打扰您啊。"

娄处长："怎么会呢，我一退休老头儿，还被人惦记，有人来看望，多开心啊。"

（情景2）

危主任一进门，娄处长就开门见山："这大过节的登门，是有什么事吗？"

危主任："也没什么事，就是过来看看您。"

娄处长："我一退休老头儿，没啥用喽。"

危主任："看您这话说的，您在位时多照顾我啊，我怎么能忘记呢。"

娄处长："时过境迁啊。"

危主任："您可别这么说。我是听说您最近遇到些难处。我家里有个亲戚刚好负责这件事，我不敢擅自做主，又怕电话说不清楚，所以上门讨个指示。"

娄处长："可不敢指示啊，见到你就很高兴了。"

我们很容易感受到同一句话在不同语序中的差异。高兴，可能是"我与你"之间最单纯的情绪情感；也可能是"我与它"之间计算出的获益。①

---

① ［德］马丁·布伯：《我和你》，杨俊杰译，四川人民出版社 2019年版。

第8章 实现沟通自由

由此可见，同一表达或同一句话，其沟通效果受沟通主客体、语境、语序等诸多因素影响。也就是说，沟通系统中任何一个微小因素的变化，都可能导致沟通效果的截然不同。反之，为确保沟通效果，实现沟通目标，我们必须关注沟通系统中的多元因素、多维视角以及它们的动态变化。唯此，我们所做的选择——沟通态度、状态、模式、效能、风格、层次、角色才更为恰当，才能真正实现沟通自由。

因此，实现沟通自由包括三层含义：其一，坚信自己有选择；其二，知晓自己有哪些选择；其三，基于沟通系统做出自己的选择。

本章旨在回答如何基于沟通系统做出自己的选择，从而实现真正的沟通自由。澄清沟通系统包括哪些内容是回答上述问题的前提。

前七章内容充分阐述了沟通主体、沟通客体和沟通行为，本章均不再赘述。因此，除了整体介绍沟通系统，本章后几节将详细阐释系统中的其他几个重要构成部分，包括沟通环境、沟通目标、沟通决策及沟通拐点，确保沟通系统的完整与丰盈，深化我们对沟通系统的认知，促进行为转变。其中，沟通目标与沟通拐点是本章的重中之重。因为，沟通目标是沟通选择的方向；沟通拐点是导致沟通目标出现偏差的阻碍点，也是我们提升沟通能力的成长点。

第一节　沟通系统

沟通系统包含四个主要组成部分：沟通底线、沟通要素、沟通过程和观察自我。我们称为"沟通系统意象"（参见序言图B），而非"沟通系

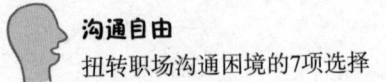

统模型",沟通系统意象源于沟通系统,同时包含主客观因素,而且每个人都可以在脑海中建构属于自己的沟通系统形象。但该意象至少包含了上述四个部分。

一、沟通底线

沟通底线是我们要坚守、坚持的原则、信念、规则、标准等。它包括法律法规、道德良知、规章制度,也包括我们自己设定的沟通目标、坚信的做人做事准则等。M. 斯科特·派克不惜著书阐述"人与人交往最重要的不是礼仪,而是真诚",①这是个体持有的沟通准则。所以,沟通底线既包括客观法规,也包括主观信念。

沟通底线位于"沟通系统意象"的正中心,被包含在沟通要素和沟通过程中,这与中国文化主张的"外圆内方"的处世之道一致——沟通底线是沟通系统的"内方",是兼顾、圆融中的坚守。

二、沟通要素三角形

最早,我们关注到在沟通中除了自己和他人,环境因素不容忽视。因此,建构了第一版的沟通三角模型②。该模型着眼于沟通中的影响因素,为清晰表达该含义,我们将其更名为沟通要素三角形(见图8.1)。

---

① [美] M. 斯科特·派克:《少有人走的路6:真诚是生命的药》,于海生译,吉林文史出版社 2019年版。
② 孙安达:《拐点沟通:打造企业内部无障碍沟通》,企业管理出版社 2017年版。

图8.1 沟通要素三角形

在该三角形中，沟通主体可简单理解为"自己""我"或"我们"；沟通客体指沟通中的"你""他"或"你们""他们"；沟通环境指沟通所处的外部状况与条件，包括时间环境、空间环境、文化环境等。当我们以旁观者的角色观察或分析沟通时，常将发出沟通邀请的一方视为沟通主体，接收信息并做出回应的一方视为沟通客体。

三、沟通过程圆环

即便我们能全面关注沟通三要素，沟通中还是会出现这样或那样的问题。经总结发现，导致沟通困境的部分原因在于沟通环节的缺失或失衡。因此，我们建构了沟通过程圆环（见图8.2）。

首先，沟通过程圆环呈现了任一沟通过程都有必不可少的四个环节——目标、决策、行动及结果。其中，目标指的是就某一沟通想要达到的预期标准；决策指的是为实现沟通目标制定沟通策略的过程；行动指的是参照沟通决策执行的具体行为；结果指的是沟通结束时的状态。其次，沟通过程圆环旨在强调沟通环节的循环推进与闭环过程。目标是方向，决策是思考过程，行动是执行细节，结果是沟通终点。因此，它们环环相扣，形成沟通闭环。在闭环的沟通过程中，结果并不意味着此轮沟通的结束，更预示着新沟通的开始。从结果中发现机会，以沟通推动沟通，最终

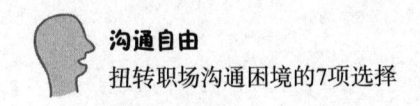

促进沟通的循环发展。

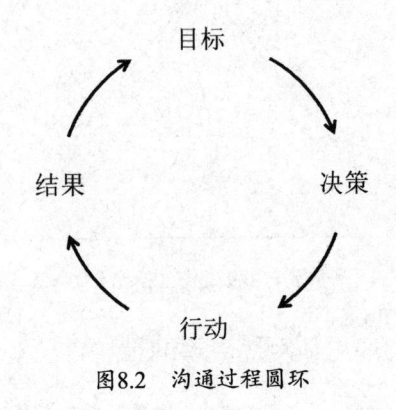

```
        目标
     ↗      ↘
  结果        决策
     ↖      ↙
        行动
```

图8.2　沟通过程圆环

四、观察自我

观察自我指的是从具体的沟通情境中抽离出来，以旁观者视角观察正在进行沟通行为的那部分的自己。

尽管沟通系统包含了沟通要素和沟通过程，但现实问题是，当我们以沟通主体角色进入真实的沟通情境时，常会忘掉它们。想想那些全情投入的人们，无论是工作还是恋爱。太多人在事前或置身事外时，可以做到理性思考、客观分析、全面评估。可一旦进入具体的沟通情境，就完全忘了他人、环境，更顾不上沟通过程。因此，在沟通中保留一部分自我，从具体沟通情境中抽离是十分必要的。

观察自我的作用与价值被很多心理理论重视，其内涵与观察性自我类似。[1]在沟通分析语境中，我们认为它主要源于强大的成人自我功能。回想图2.3的成年人模型，部分成人自我和其他自我沉浸其中，部分成人自我置身事外，行使着观察沟通系统甚至审视人生的重任。观察自我听起来有

---

[1]　［美］路斯·哈里斯：《ACT就这么简单：接纳承诺疗法简明实操手册》，王静，曹慧，祝卓宏译，机械工业出版社　2022年版。

些困难，但依然可以通过训练使其变得强大、有力。

诚然，沟通系统的组成远不止沟通底线、沟通要素、沟通过程和观察自我，它们仅是过去十余年我们学习与实践的阶段性总结。借助沟通系统，我们有效解决了大部分沟通问题；基于沟通系统，我们较多时候体验到心理层面的沟通自由。未来，我们期待和你共同完善它们。

第二节　沟通选择

实现沟通自由包括三层含义。

其一，坚信自己有选择。这是本书的存在根底，也是你我相遇的基础，更是生而为人最独特、最美好、最无价、最有意义的奥秘。无论身处何境，我们都有选择，即便只能选择自己的态度。

其二，知晓自己有哪些选择。前七章我们着力为你呈现较丰富的选项（见表8.1）与相关的应用技巧，期待它们予你启发，幸有一二被纳入你的资源库，助你拥有多一分自由，便不负这场相遇。

表8.1　沟通中的 7 项选择

序号	选择	选项
1	沟通态度	我好，你好；（我好，你不好；我不好，你好；我不好，你不好）*
2	沟通状态	控制型父母、养育型父母、成人自我、自然型儿童、适应型儿童
3	沟通模式	互补沟通、交错沟通、隐藏沟通
4	沟通效能	正效能、（负效能）*；高效能、低效能
5	沟通风格	要坚强、要完美、要努力试、要取悦他人、要快
6	沟通层次	无人际沟通、礼节性沟通、闲谈型沟通、主题类沟通、个体化沟通
7	沟通角色	创造者、挑战者、教练

*括号中的内容是选项之一，但尽量不选。

其三，基于沟通系统做出自己的选择。这意味着我们须坚守沟通底线，兼顾各沟通要素的需求与期待，管理好沟通过程各环节的质量，并能发现沟通中的拐点且灵活调整，充分发挥观察自我的作用，带着觉察和理性进行沟通。

一、坚守沟通底线

我们都曾是失落的一角，被生活摔打，磨平棱角。最终，将自己滚成大圆满。[①]一个现实的问题是，我们学会了"外圆"，但不能放弃坚守"内方"。

领导要求一位处于适应型儿童状态的财务人员做违法之事，她因为担心不服从会被开除，选择了顺从；一位为人随和但能力平庸的领导，从不敢选用比自己厉害的下属，甚至想尽办法排挤；有些深谙人性、娴熟掌握各种人际技巧的行销人员，表面嘘寒问暖，关怀备至，实则大行坑蒙拐骗之道。他们的言行看起来都很"圆融"，却丢掉了做人做事的"内方"。

所以，坚守沟通底线是系统观的根基；是兼顾沟通要素、管理沟通过程的前提；是观察自我评估、自我判断的首要标准。

尽管每个人的沟通底线不尽相同，但我们认为法律为其设置了下限，沟通分析心理学的心理地位理论为其设置了上限。在沟通系统中，我们将沟通主体简称为"我"；沟通客体简称为"你"；企业、组织、国家、社会等统称为"世界"。法律的要求是"我"不可对"你"和"世界"做出危害、破坏或侵犯行为。沟通分析心理学的理想是"我"能始终持有"我好，你好，世界好"的态度。其间，便是个人的专属领域。

---

① ［美］谢尔·希尔弗斯坦：《失落的一角遇见大圆满》，陈明俊译，南海出版公司2003年版。

由此可见，坚守沟通底线即坚守"我好，你好，世界好"的态度，行为上不伤害自己和他人，不破坏世界的发展与变好。

二、兼顾沟通要素

兼顾沟通要素，意即我们能够有意识地考虑自我、他人与环境的共同需要或期待。其中，对于沟通客体，谨记要兼顾不要改变，切莫将"我要兼顾他"实践为"我要改变他"。对于能改变、需要改变的环境，选择恰当的时机和方式去改变；对于不能改变又逃离不了的环境，选择调整自己，主动适应环境。对于自己期待的沟通环境，选择稳中求进、步步营造。

以"开会不要接打手机电话"为例。

会议组织者是沟通主体，其沟通目标是清晰地传达"会议中不要接打电话"这一信息，这是作为沟通主体的工作需要。参会者是沟通客体，他们通常会遵守该规定。但在特殊情况下，参会者会破例，如感觉无聊，会议内容与自己无关或觉得该电话重要且紧急，不得不接。所以，参会者的需要是"不要浪费我的时间"，期待是"如果我有重急或重要电话，请理解我的破例"。一个关键问题是沟通主体与沟通客体对重要或紧急的理解与判定标准很可能是不同的。另外，会议组织方或企业属于沟通环境要素，其期待大概率是"大家专注开会，提高会议的效率与质量"，当然，也不排除"你们就要服从规定"的可能。

分析如何兼顾沟通要素之前，我们先看几种常见处理方式。

会前，会议组织者做提醒，但会议中依然有人接打电话。强调服从文化的企业，会议组织者多处于控制型父母状态。若接打电话的当事人在工作中多表现为负面自然型儿童状态，会议组织者很容易将其接打电话的行

沟通自由
扭转职场沟通困境的7项选择

为解读为"挑衅""不懂规矩",极有可能选择当场直接点名批评当事人。这势必引起当事人不满,并抱怨领导毫无人性,一点都不理解自己。而强调家文化的企业,会议组织者大概率处于养育型父母状态。若接电话的当事人在工作中多表现为正面自然型儿童或适应型儿童状态,会议组织者则倾向将其行为理解为"他可能真的有急事,这电话非接不可",因此很可能会采取独特的方式表达关怀。该行为本身并无对错,却为管理埋下了隐患。破例行为没有受到惩戒,反而得到了关注和关怀,无疑会激发大家的负面儿童自我,表现出以自我为中心,无视规则或叛逆的一面。

会前,会议组织者忘记提醒,会中看到有人接打电话,便说:"提醒一下,大家开会时不要接打电话啊。"此时,即便是面向全员的常规提醒,也有了针对当事人的嫌疑。

那么,我们应该如何兼顾呢?

首先,会前提醒是恰当且必要的。组织者可以这样说:"我知道大家都很忙,咱们争取开个高效会议。所以,在开会过程中请大家不要接打电话。"这样的表达完成了沟通主体的沟通目标(表达),传递了对沟通环境的期待(提高开会效率),也回应了沟通客体的需要(不浪费时间)。

其次,如果会中出现接打电话的情况,以较为私密的方式予以提醒是恰当且必要的。如发微信或写字条等。这兼顾了沟通主体和沟通环境的期待,也兼顾了沟通客体的感受(不至于尴尬)和期待(特殊情况请理解)。

最后,会后询问情况并针对性回应是必需的。询问是对沟通客体的关注,回应是针对破例或违规行为的沟通结果。对方澄清事实,而后该理解理解,该警告警告。从而有效避免因类似事件反复发生而导致的困境,如规定形同虚设,沟通主体组织不力,沟通客体愈发得寸进尺等。

值得一提的是，因沟通对象视角不同，沟通主体亦是客体。随着沟通进展，主客体也不停转换。因此，沟通主体和沟通客体的课题是一致的——觉察自我、识别他人，发出恰当的沟通邀请、给予合适的回应、推动沟通的正向发展。前七章内容均有助于我们理解沟通主体和沟通客体的需要与期待。

环境要素包括诸多具体内容。它自成系统，又与沟通主客体构成新系统，不断扩容纳新，最终形成独特的个体沟通系统。在沟通中，两套甚至多套沟通系统既互相重叠，又各自独立。所以，我们永远无法完全照顾到彼此的沟通系统。我们只能尽力兼顾，以减少顾此失彼导致的沟通障碍，增加共赢概率。

三、管理沟通过程

管理沟通过程，顾名思义是对沟通过程中的四个环节（目标、决策、行动和结果）进行管理。那么具体怎么管理？

其一，确保沟通过程完整、不失衡，形成沟通闭环。

在四个环节中，最容易缺失的是目标；最容易失衡的是决策与行动的比例（想得太多，做得太少与不加思考，直接反应）；最容易被忽略的是结果。管理沟通过程的最基础要求是确保四个环节的完整与同等重要，保证各环节质量，从而提高整体过程的质量。

其二，以终为始，围绕目标制定决策、选择行动，提升沟通效能。

沟通前首先设定清晰、明确且可实现的目标。制定决策、选择行动要紧紧围绕沟通目标展开，在执行其他三个环节时，很多人常常忘记目标，很容易跑偏，导致结果与目标有偏差。所以，管理沟通过程的关键是牢记

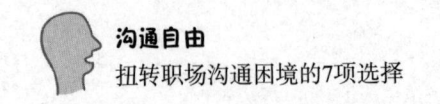

目标，确保所有沟通行为都为了促进目标的达成。

其三，是终点也是起点，从结果中探寻新目标，推动沟通循环。

沟通过程圆环的显著特点是结果并非结束。如果结果达成或趋近目标，即一个沟通回合结束。新的任务是从结果（现状）中寻找新的目标，推动另一个沟通循环产生。所以，管理沟通过程的终极目标是以沟通推动沟通，形成沟通循环，在持续沟通中实现职业发展与人际关系的双维螺旋式上升。

上述观点很容易理解，相信你会认同，只是践行它们需要相应的指导与训练。按照本书提供的方法提升各个沟通环节的完成质量，确实是任何人都可以做到的。比对结果与目标的差距，探察导致差距形成的拐点，突破阻碍，从拐点处成长，更是我们每个人完善自我、发展自我的必修课。

四、发展观察自我

偶尔，我们可能体验过观察自我。我们正在参与某个具体沟通，却好像突然抽身事外，如旁观者般看着正在进行的沟通——"自己看起来好幼稚啊，他们又在重复以前的模式了"……有时候，旁观者还会指挥那个沟通中的自己——"你不要再讲道理了，试着去理解他""你应该问问他这么说是不是发生了什么事"……这就好像我们把自己一分为二，一个自己待在具体的沟通中，和对方聊天、商讨问题、分享情感等；另一个自己站在旁边，看着眼前正在发生的"故事"。这个站在旁边观察、思考、指挥的自己便是观察自我。

上述体验大部分源于自己的无意识，短暂且不可控。如果想充分发挥观察自我的价值，就需要我们有意识地调用观察自我，如同调用自我状态

第8章 实现沟通自由

一样。通常我们认为发展观察自我有四个阶段。

第一阶段，不知不觉。此时的观察自我犹如陷入沉睡，丝毫不发挥作用。我们完全凭本能反应面对一切沟通。

第二阶段，后知后觉。此时的观察自我似从梦中醒来，在沟通发生后，猛然惊觉沟通中的某个瞬间或片段似有不妥或别有深意。

第三阶段，当知当觉。此时的观察自我与我们同在，是我们所感、所思、所做的旁观者。他看似冷眼旁观，实则古道热肠。

第四阶段，先知先觉。此时的观察自我是先知、是直觉智慧。在我们具体行动前，他已敏锐地向我们发出种种信号。

根据以往经验判断我们的观察自我多在第几阶段，相对应的训练、发展途径如下。在第一阶段的观察自我，我们要通过事后反思将其唤醒；在第二个阶段的观察自我，我们要有意识地邀请其参与当下；在第三阶段的观察自我，我们可通过事后的成人自我对观察自我再做分析；在第四阶段的观察自我虽说是最高智慧，但未必都适用于当下，因此，我们仍要在当下澄清、检验、修正。

除上述训练外，建构专属的"观察自我意象"可帮助我们快速唤出观察自我。这意味着每个人都可以拥有自己的意象，当我们需要观察自我时，便可以通过进入意象画面，调用观察自我以该形象履行责任，担当使命。

观察自我可能是你的导演，坐在镜头后或观众席，认真看着自己正在参演的一切，不断思考、评估，给予指导、发出指令。观察自我也可能是一只天眼，高悬于上空，此时经由此地洞察过往与将来，评估变化与趋势，提醒自己以新的选择纠偏当下行为，实现沟通的正效能。因此，本书的"沟通系统意象"只是参考，为你建构专属的观察自我形象提供启迪。

223

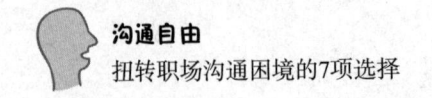

有了观察自我的参与，在沟通中，我们是演员亦是导演；是参与者亦是观察者；是执行者亦是决策者。简言之，我们既能身在其中，又可置身事外。

第三节　沟通环境

沟通环境包括时间环境、空间环境和文化环境。

一、时间环境

时间环境包括时机、时态、时势。为提升沟通效率，提高沟通目标实现的概率，我们要注意选择时机、评估时态、顺应时势。

选择时机。该情境常见于当我们有具体的沟通目标，需要主动发起沟通时。比如，沟通目标是加薪，在公司裁员降薪期肯定不适宜，除非你想借机被裁员。那么，你会选择在公司最需要你的时候，还是在自己帮公司完成重要项目后，或是其他什么时机，值得注意的是，并不存在绝对的有利时机，如何选择，还需结合其他因素综合考虑。

评估时态。这里我们借用了英文中的时态概念，强调沟通需要参考事情的发展阶段——事前（尚未发生）、事中（正在发生）、事后（已经发生）。对于一些预防性的提示或规定而言，事先说没问题，但事后说，给人的感受和效果则完全不同。当我们不得不被动回应时，时态甚至会制约沟通内容。如同事和你讨论工作，你发现对方可能会犯错，此时属于事前，以成人自我状态给予适度提醒是恰当的；你发现对方正做着错误的事，此时属于事中，有效的沟通是以成人自我状态协助分析，以控制型父母状态给予指导，尽可能补救或避免事态恶化；你发现对方已经犯了不能改变的错误，此时属于事后，有效的沟通是以养育型父母状态给予安抚，以成人自我状态分析严重程度并启发其看到事情的积极面。犯错者常处于儿童状态，会不自主地放大错误。我们通过客观分析，淡化或降低对方想象的严重程度，有效缓解对方的担忧、害怕、焦虑甚至恐慌。由此，不难发现"事后诸葛亮"的失败正在于对时态因素的忽略。值得深思的是，"事前诸葛亮"就一定合适吗？事中、事后又该选择何种角色或状态呢？

顺应时势。对时势因素的忽视常导致跨代沟通困境，原生代领导和新生代下属的沟通尤为明显。大多原生代领导经历、体验、习惯了权威式管理模式，常以控制型父母状态发出指令，并期待下属以适应型儿童状态服从命令听指挥。但新生代下属出生、成长的时代与原生代领导不同，他们追求平等、自由、民主的相处模式，期待赋能式的管理模式。除时代因素外，顺应时势还包括对发展趋势的确认，并能够跟随趋势调整沟通策略，即顺势、借势、乘势。

二、空间环境

空间环境指的是沟通发生的场景。

一些场景有着明确的言行规范。如博物馆、电影院禁止大声喧哗，某些场合对着装有要求等。

另一些场景虽无明确的要求，却有心照不宣的行为规则或惯例。笔者曾主导殡仪服务沟通的课题研究。虽然事前查询了殡仪服务用语忌讳，但笔者的个别用词仍略显不妥。比如，专业工作者会说将逝者"接回来"或

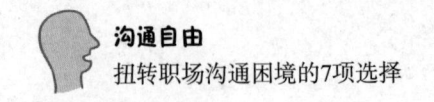

"请回来",而我们最初说的是"拉回来"。

除了空间的礼仪规范,空间环境还通过影响人们的心理感受,进而影响沟通效果。比如主场效应、黑暗效应、"公开表扬,私下批评"原则等。

三、文化环境

文化环境包括社会文化、行业文化、企业文化、社团文化以及家庭文化等。

应对社会文化冲突是跨国企业的重要沟通课题,如面对西方领导,中国职员不主动沟通,不善于表功。在职场中,中国职员多表现为适应型儿童自我状态,领导如果不要求,职员就不主动沟通。其根源是社会文化的影响,我们总认为主动找领导汇报会打扰别人,又有溜须拍马之嫌。我们受谦逊文化熏陶,在取得成绩后不忘感谢领导、团队和公司,却唯独忘了感谢自己;在得到认可、赞扬时,不敢坦诚承认自己的优秀,总是说"没有没有,还差得远""哪里哪里,我这点成绩不值一提"。

行业如人,各有特色。虽然不断有人吐槽职场中英文混用现象,但对某些行业而言,直接使用英文专属名词,不仅能自证身份,更有助于提高沟通效率。新近崛起的脱口秀领域,借由行业文化颠覆了我们的集体认知。在其他领域,拿别人的特征(尤其是通俗意义的缺陷)开玩笑会被视为不尊重。但在脱口秀领域,拿别人的特征开玩笑,不仅意味着对方红,还意味着接纳与信任——我接纳独一无二的你,包括你的所有特征;我信任你有力量、底气与胸襟面对这样的玩笑。

企业文化差异常导致新员工入职水土不服,尤其是领导层空降失败。

企业安排入职培训，其目的就是让新员工知晓、理解、认同企业文化。新员工可由此判断哪些言行举止是恰当的，哪些言行举止是不恰当的，领导和同事更偏好怎样的沟通状态与模式。久而久之，新员工通过总结发现什么风格是受欢迎的，什么风格是踩雷的。领导层带着先前的企业文化来到新公司，必然面临两种文化的冲突。有效的策略是先适应、后微调、再变革。虽然引入新力量的目的是为了打破旧模式，但以一己之力对抗整体，显然是漠视了环境的力量。

时间、空间与文化环境并非是割裂的。它们同等重要，交织并存，相互影响。因此，分析环境要素，要建立系统思维，更要整合沟通主客体，以更宏大的系统视角理解沟通。

第四节 沟通目标

一、检验沟通目标的四个维度

有趣的是，处理其他工作任务，我们通常目标明确，如本季度必须结案，实现10%的增长，签下某个客户等。一旦涉及沟通目标，却往往模糊不清或不可实现。我们常从四个维度检验沟通目标：真目标与假目标、目标是否具体、目标能否实现、整体目标与单次目标。

江先生："年度绩效考核出结果了，我需要逐一和下属反馈考核结果。想请教您有什么好的技巧或方法。"

咨询师："不好的结果让你觉得反馈有困难吗？"

沟通自由
扭转职场沟通困境的7项选择

江先生："是的。尤其是考核结果为C的员工。"

咨询师："那你的沟通目标是什么？"

江先生："沟通目标，当然是把考核结果反馈给他啊。"

咨询师："如果沟通目标仅是反馈给下属，那很简单。你把结果打印出来拿给他或者发邮件给他，就可以了。"

江先生："那不行，看到这个考核结果，他肯定会不高兴的。"

咨询师："不高兴是人之常情。所以，你的沟通目标是什么？"

江先生："希望他不要反应过激，能比较平静地接受考核结果吧，毕竟结果已经出来了，谁也改变不了。"

咨询师："怎样算是平静地接受考核结果？"

江先生："他听到消息肯定会很愤怒，还会认为结果不公平。不要表现得太过暴躁，也不要怨声载道，就算是平静地接受吧。"

咨询师："所以，你希望你们的沟通能减少他的愤怒，降低他的不公平感？"

江先生："对对对，是这意思。"

咨询师："还有别的吗？你希望通过沟通达到什么效果？"

江先生："希望他不受考核结果影响，能继续好好工作吧。"

咨询师："所以你预设他看到考核结果会愤怒，觉得不公平，还有可能不好好工作。因此，你希望通过沟通改变他的认知、情绪与行为。"

江先生："是这样的。"

咨询师："你认为通过沟通改变别人的想法现实吗？"

江先生："哎，不太现实。所以才觉得困难啊。"

咨询师："是的，改变别人很难。但为了接近这个目标，你能做点什么呢？你可以猜测一下，你用什么方式说，具体说些什么是可能减少他的愤怒，降低他的不公平感的……"

江先生："您这么一说我就明白了。和他说什么，用什么方式说，才是我能做的。所以，我的沟通目标是把要说的内容组织好，并用他更易接受的方式表达出来。"

咨询师："是的。另外，你们是一对一沟通，倾听他的想法，接纳他的情绪，澄清他是否理解你表达的内容，是否也可以是你的沟通目标呢？"

江先生："嗯嗯，这些也很重要。不过一次沟通可能说不清楚这些。"

咨询师："那你认为几次沟通比较合适？每次的沟通小目标可以是什么？"

上述案例呈现了如何利用四个维度检验沟通目标。

1. 真目标与假目标

一方面，目标是沟通目标，却不是沟通者最真实想达到的目标。江先生所说的"把考核结果反馈给下属"并非他的真实沟通目标。这就如同很多人会说"没啥事儿，我就是想找你聊聊"。如果这是真目标，那只要聊天就实现了。从太多不满意的结局可以看出，假目标背后往往隐藏着真目标——"我需要你的理解、肯定或支持""我很想念你，我期待你能对此做回应"等。所以，找到那个真正的沟通目标很重要。

另一方面，沟通者常混淆沟通目标和任务目标。如"今天的沟通目标是签合同"。签合同是任务目标，不是沟通目标。沟通的本质是信息传播。为协助任务目标的达成，沟通目标可以是了解客户的真实想法、清晰

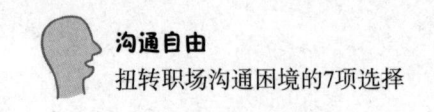

回复客户的顾虑点、传递其他相关信息等。我们能做的仅仅是将有利签约的信息传递给客户，至于客户是否决定签约，并不是我们能控制的。

2. 目标是否具体

目标越具体，对决策与行动的指导价值就越大，被实现的可能性也越大。江先生提出的希望下属不要反应过激，能比较平静地接受考核结果这个目标过于笼统。下属怎样的行为属于反应过激，怎样的状态算平静，其标准不好衡量。那减少愤怒、降低不公平感是具体目标吗？仍然不是。但因为其不可实现，所以咨询师并没有在这部分继续深入。

3. 目标可否实现

所有"我想让你……"的沟通目标都是不可实现的。理解了沟通的本质，便不难理解我们为何如此肯定这种说法。无论是希望对方改变、唤起怎样的情绪情感（"我想让你开心""我想让你喜欢我""我想让你别生气"等），还是改变对方的认知（"我想让你接受我的观点"等）以及对方的行为（"我想让你听我的，我想让你离开"等）。

调整"我想让你……"为"我可以做……"，可将不可实现的沟通目标转换为可实现的沟通目标。明白"无论我多优秀，都有不被你喜欢的可能"。所以，"我想让你喜欢我"是不可实现的。而"我关心、理解、支持你"，这些是可实现的。"我可以做很多，但都不能决定你一定会喜欢我"。无论是工作沟通、生活沟通，还是情感沟通，都一样。

所以，作为沟通主体，我们能做的仅仅是组织沟通信息，选择沟通方式，减少沟通阻碍。作为沟通客体，我们能做的是选择自己的状态、态度、角色及回应的沟通层次等。

4. 整体目标与单次目标

参考沟通层次理论，作为沟通主体，江先生需要叙述事实（告知结果）、谈论想法（为什么结果是这样的）、表达情感（对于这个结果，我的情感感受）。作为沟通客体，江先生需要倾听下属叙述事实（工作表现等），理解对方的想法，共情对方的情感。上述内容作为反馈结果的整体目标，如果在一次沟通中完成，显然是有难度的。

所以，江先生需要将整体目标进行拆解，细分为单次目标。再针对单次目标进行决策，选择具体的沟通行为。如第一个单次目标是告知结果。那么，发邮件的沟通行为是否更合适？既可避免当面冲突，又给对方时间和空间做心理准备。第二个单次目标是倾听对方表达。那么，江先生要提醒自己多呈现养育型父母状态，不做评判，专注倾听。预测对方情绪会比较激动，因此选择相对私密、安全的空间，避开人多时段，避免其他意外干扰。给对方的倾诉提供适宜的物理和心理空间。其他单次目标依此类推。

二、设定沟通目标的两个方向

沟通目标最常被设定为解决问题。的确，为了完成某项任务或处理某个问题，我们需要沟通。管理学与心理学强调先处理关系，再解决问题。因此，沟通目标有时被设定为增进关系。其重要性日渐超越解决问题——即便问题没有被解决，也不要破坏关系。

但当我们回归沟通本质（信息传递），便不难发现解决问题和增进关系并非真正的沟通目标。它们为沟通目标指明了方向，圈定了范围（见图8.3）。它们是沟通努力的方向与边界，但不是沟通目标本身。

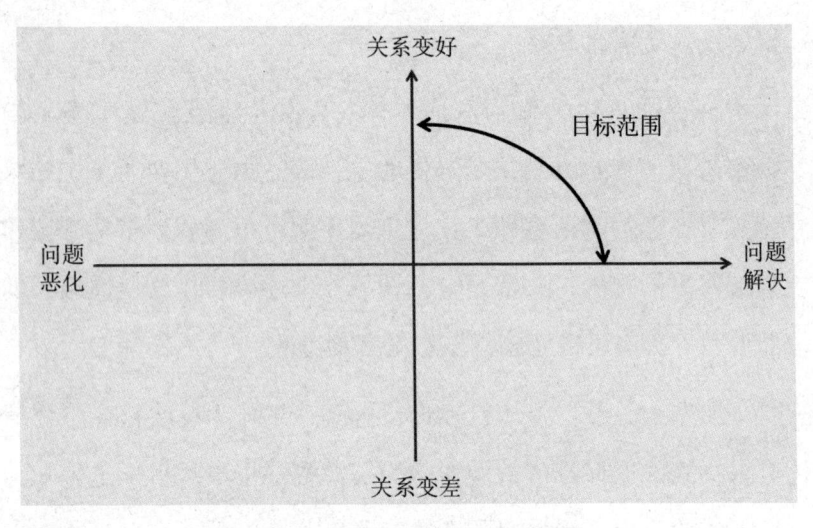

图8.3 沟通目标的方向与范围

有了方向的指引，我们拟定沟通目标更易做到有的放矢。

解决问题方向，沟通目标要围绕问题或任务展开，如了解情况，澄清问题，提出、听取解决方案，询问意见建议，发现并确认共同认可的解决办法等。增进关系方向，沟通目标需要清晰地表达对他人的关注、喜欢、尊重、接纳、欢迎、重视等。这些信息传递出"你的世界我很想靠近、走进"的想法，但这并不意味沟通的主题只能是对方。适度、坦诚的自我暴露是增进关系的奥秘之一，因为这传递了你对他人的信任与亲密。敞开心扉是一种欢迎——"欢迎你到我的世界"。

三、设定沟通目标的 3C 原则

1. Compatible兼容性

兼容性指的是设定沟通目标要同时考虑沟通三要素（主体、客体、环境）。仍以绩效面谈为例。沟通客体面对不理想的考核结果，其可能会有"凭什么是我，给我一个理由"或"我很不爽，我要表达自己的不满"的想法。企业通过绩效考核的初衷是奖励优秀的少数，激励平凡的大多数，淘汰个别的不适者。因此，绩效面谈的困难是面对大多数中对考核结果不满意的员工，不仅不能激怒其情绪，还要激发其动力。很显然，绩效面谈中员工（沟通客体）的需求和企业（环境）的期待是冲突的。如果面谈领导（沟通主体）未能兼顾上述因素，仅从自身出发设定沟通目标，很可能导致沟通失败。可行的方式是找到沟通三要素需求与期待的共同点，据此设定沟通目标。

2. Controllable 可控性

可控性，指的是确保沟通目标是"我能做到的"。如果不是，那就是不可控性。如上面提及的"我想让你……"。

分析沟通三要素后，面谈领导至少可以列出以下几条可控的沟通目标。

- 明确解释考核结果的形成过程（回应凭什么的问题）。
- 接纳或安抚下属的情绪（有情绪是正常的，而且可以发泄）。
- 表达对人的态度，自己和公司都是认可下属的（区别考核结果和人的关系）。
- 表达期待与支持（希望能激发动力）。

上述目标是面谈领导一定能做到的，是可控的。至于下属是否接受这个考核结果和理由，能否较快平复情绪，继续好好工作，都是下属的选择与决定，是我们不可控的。

3. Coping strategy 应对策略

应对策略，指的是预测沟通的变化并提前想好解决方案。可控性在一定程度上确定了"我能做"，应对策略则是"如果沟通客体或环境改变，我该怎么处理"。

如果下属相当平静地接受了考核结果，面谈者是窃喜还是更加担忧呢？平静中是否有无奈的妥协，是否传递了准备离职的信号？销售团队准备了1小时的汇报，如果对方负责人说"抱歉，接下来有个会议，给你们5分钟的时间"，那么如何调整我们的沟通目标？近几年线上会议和培训增多，中途断网导致关键时候卡顿，意外人员突然闯入屏幕，又如何应对？这都需要我们提前做好预判，想好应对策略，并能随实际情况变化调整沟通策略。

因此，设定沟通目标还需预测可能出现的变化，以及影响沟通目标达成的因素，想好应对策略。如设定备选目标、分清目标主次、坚守底线目标等。

四、识别沟通目标的三个步骤

上述内容更适用于我们主动发起沟通、有充分的时间做准备的情境。如果是我们被突然拉入沟通，完全不可能提前做准备的情况，如何识别对方的沟通目标，并根据沟通情境迅速设定自己的沟通目标呢？

首先，倾听。无论对方在叙述事实、谈论想法或表达情感，专注地倾听是正确且必要的。适当应用提问、澄清、内容反应与情感反应等倾听技巧，有助于鼓励对方表达。

其次，表态。在基本了解对方的陈述后，需要从事实和关系两个层面做出你的个人回应。对事而言，你的观点、看法是赞同、否定，还是质疑的？对人而言，你现在及将来的态度是理解、佩服、永远支持的吗？此时，再次重申你们的关系，如你们是战友、发小、师徒等，或重复曾经的承诺，如互不嫌弃，永不失联等。这些都有助于增进关系。

最后，询问。询问是识别沟通目标的关键步骤，但若缺少前两个步骤，询问通常得不到答案。所有沟通都有目的，询问是有效的探索方式。一种询问是向内自问："他说了这么多，希望我做点什么呢。"另一种询问是向外发问："你需要我做什么？"或"我能为你做点什么？"

上述步骤同样适用于识别自己的沟通目标。在发起沟通前，尝试询问自己几个问题，"我想说什么""我要表达什么态度""我希望对方是什么态度""我期待对方做点什么"等。在沟通中，清晰且明确地表达自己的需求与目标。上述自我梳理与表达有助于提升沟通效率，有利于实现沟通目标。有必要说明的是，沟通目标的实现不等于任务目标的实现。因为"表达希望、需求与期待是我的权利"，但"对方如何反应、回应，做何选择与决定，是对方的权利"。

我们花大量笔墨阐述沟通目标，是因为它至关重要却又常被忽略。愿我们都能以终为始，因为目标是终点，更是起点。

第五节　沟通决策

根据设定的沟通目标制定沟通决策有四个步骤。第一步，基于现实层面做分析；第二步，在心理层面寻找或建构信念；第三步，兼顾沟通要素做出选择；第四步，决定如何做，即设计行动方案。取分析（Analyze）、信念（Belief）、选择（Choose）和决定（Decide）四个英文的首字母，我们将上述方法简称为制定沟通决策的ABCD四步法。

1. 分析（Analyze）

SWOT分析法同样适用于分析沟通情境。为实现沟通目标，作为沟通

沟通自由
扭转职场沟通困境的7项选择

主体的个人在现实层面有哪些优势、劣势，由沟通客体与环境组成的外部条件有哪些机会和威胁。这部分，我们需调用成人自我状态，客观、理性、尽可能地全面分析。不可单凭儿童自我状态的想当然或父母自我状态的理所应当。

升职加薪沟通是大部分职场人的共同难题。回忆一下，当你脑海中出现"我要找老板谈谈升职加薪问题"时，你做过客观、理性的分析吗？在我们辅导的案例中，很多人决定谈升职加薪的原因往往非常单一，如"听说平级同事工资比我高""我进公司一年多，工资没涨过""最近工作量比较大""据说竞争公司的薪水比较高""买房了，压力有点大"……这种忽略对整体情境分析的沟通，往往以失败告终。认真想一想，决定要谈升职加薪，你的优劣势各是什么，成功的机会与威胁又各是什么？

2. 信念（Belief）

信念，是在内心层面寻找或建构支持自己行动、实现沟通目标的想法、观点、态度，以及由此促发自己更有动力，更有信心的状态。简言之，就是在认知、情感与行动层面一致地表现出一定能实现目标的信心。这是很多人容易忽略的环节，也常常导致沟通失败。

有两个途径可帮助我们发现这些支持性的信念。一是心理地位理论，它指引我们听到并记录内心那些"我好，你好，它好"的声音。我好，是对自己的肯定，如我值得升职加薪，我配得上更高的薪水，能胜任更高的岗位；你好，是对上司的信任，如上司是爱惜人才的；它好，是对组织及环境的信心，如努力总有回报，机会总是留给有准备的人。如果在这里，你听到了很多反对的、否定的声音，一并把它们记下来，逐条分析、评估并转化它们。二是自我状态理论，自我状态理论是有助发现支持性信念的第二个途径。从父母自我状态中寻找榜样的力量和努力的方向，在儿童自我状态中感受期待的喜悦与渴望的成就，并通过成人自我状态发现机会。

信念的力量超乎想象，请慎重待之。

3. 选择（Choose）

通过分析得出实现目标的优势与机会很大，并建立坚定的信念实现它。接下来，做出你的具体选择吧，包括沟通状态、沟通模式、沟通层次等。前七章分享的所有内容，你在其他培训或阅读中学到的理论、方法或工具，都是供你选择的资源。需要注意的是，系统视角和成人自我主导的理性思维依然是做出选择的前提。

如果你还记得上一节沟通目标的内容，便不难判断"我想让上司同意我的升职加薪申请"是假目标。升职加薪沟通的真正目标是"我要向上司清晰地传递我很优秀，值得被升职加薪的信息"。在现实层面，胜算很大；在心理层面，信心很足。那么，你如何选择沟通层次（轻松的闲谈或正式的主题沟通），以什么沟通风格，侧重陈述什么（上司更看重责任感、品质，还是人际能力），怎样的沟通状态是匹配的（闲谈与儿童自我状态更配，正式沟通与成人自我状态更搭），以及上司习惯哪种沟通状态，面对此类沟通，又可能是什么状态……这些都是需要选择的内容。

4. 决定（Decide）

决定是行动前的最后一次确认。关于沟通你已经想了很多，并制定了行动计划。它可能是长期的，也可能是短期的；它包括正式谈话，也包括非正式的闲谈；它可能主要围绕工作展开，某些情境下也可以坦诚个人情感；它还包括每次沟通的时间、地点、沟通对象（上司，人力资源负责人，其他能促进沟通目标实现的人）等。这是一份详细的沟通执行计划，决定就是在这份计划上签下"同意执行"，或圈出其中的一部分批注为

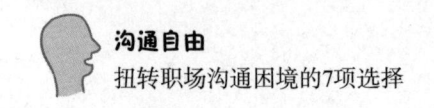

"率先执行"等。总之，决定是制定沟通决策的最后一步，是启动沟通行动的开始键。

思而不行则无用，再好的决策若只停留在脑中、纸上，也是毫无价值的。所以，决策后，开始行动吧，毕竟"三分策划，七分执行"。

第六节　沟通拐点

无论沟通如何执行，都会形成一个沟通结果。我们反复强调结果不是结束。结果与目标间有两个重要任务需要我们关注。

任务一，对比结果与目标的差异（大部分情况下它们不会完全吻合），发现导致沟通结果偏离目标的阻碍，其可能是一句不恰当的表达或一个瞬间状态的转换。总之，在某个节点，沟通结果的方向发生了改变。我们称该节点为沟通拐点。从严格意义上来说，沟通拐点可能会推动沟通结果超越预期目标。但本书主要讨论沟通中导致负性偏离的拐点。所以，我们认为拐点亦是提升沟通能力，完善与发展自我的成长点。

任务二，无论结果是否偏离目标，都以结果为起点，发起新沟通。新目标可以是趋近未达成的原目标的补救性目标，也可以是全新的，在解决问题或增进关系方面比原目标有所提升的超越性目标。

任务二取决于我们如何看待单次沟通与沟通背后的关系。如果我们将某些沟通定位为"一锤子买卖"，并做了不再继续发展关系的决定，那么结果即是结束。但无论如何定位，任务一都是个人的成长课题。即便单次沟通结束，关系终止，从拐点处成长，也可有效避免类似错误在其他沟通中重现。

因此，以下内容将围绕如何从沟通拐点处成长展开。

一、沟通拐点

为呈现沟通结果、沟通目标及沟通拐点的关系，我们创建了沟通拐点扰动模型（STIR）（见图8.4）。该图以设定目标的两个方向为横竖坐标。其中S（Situation，现状）指沟通前的真实现状，T（Target，目标）为设定的沟通目标，I（Inflection point，拐点）是沟通中的拐点，R（Result，结果）表示实际沟通结果。

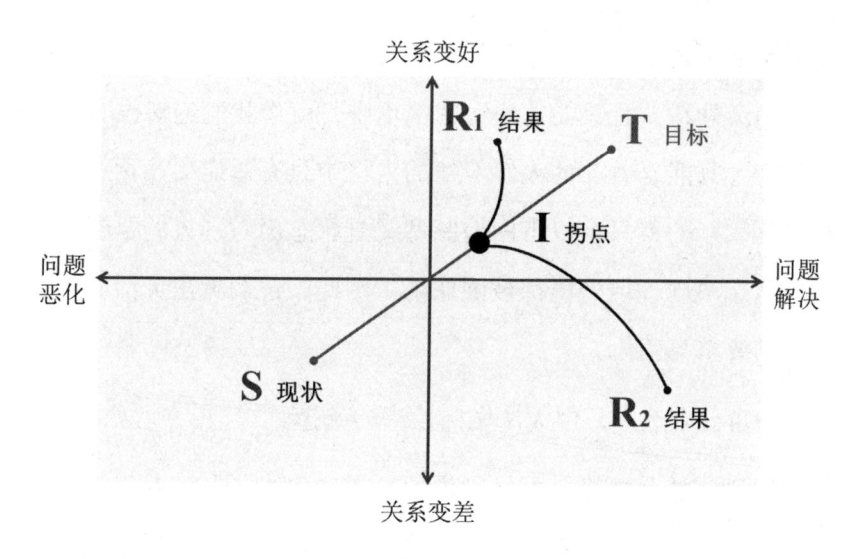

图8.4 沟通拐点扰动模型（STIR）

有必要说明的是，沟通目标的范围通常设定在第一象限；现状与结果可能处于图中的任何位置；拐点可发生在现状与目标间的任何位置。由此可见，沟通拐点可能发生在沟通之初，也可能发生在沟通过程中。只要沟通结果偏离目标，就一定有拐点发生。

该图还为我们提供了分析沟通现状的思路。在沟通前，我们需要客观判断问题的严重性、难易程度和沟通双方的关系。若如图所示，现状位于

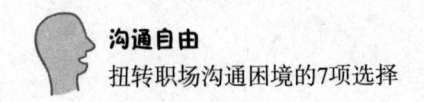

第三象限，表明问题较为困难，关系基础也很糟糕。此时，考虑分阶段目标更为稳妥，先修复关系再解决问题或许更为有效。其他情况不再逐一展开。

二、沟通成长点

沟通拐点是客观事实，亦是现象。那么，诱发拐点出现的原因是什么？我们通过分析沟通失败案例，总结了以下三点。

1. 不知道自己有选择。

"领导批评我，我只能忍着""犯错了不骂，难道要夸啊"……很多时候，我们会处在"我只能这样"的困境中，就像我们绝对没有其他选择一般。认为"只能忍着"的人好像他的人格中只有适应型儿童一样，认为"犯错就该骂"的人只会以负面控制型父母状态面对别人的错误。尽管他们的沟通状态不同，但处境都被困住了。因此，他们无法灵活应对沟通客体与环境的要求与变化。

2. 知道自己有选择，但无法做出恰当的选择。

"我知道要学会拒绝，可是'说不'真的太难了""我知道不该发脾气，但情绪一上来，就没忍住"……这些情况属于知道却做不到。我们知道沟通目标就在那里，也知道通往目标的正确路径，但偏偏选了其他方向。我们知道拒绝是自己的权利，是爱自己的表现，是"我好"的体现。但经年累月形成的"我不好"信念不是几句励志格言就能轻易击碎的。情绪与理智的战争从未停歇，有人以情绪赢的方式伤害了对方，有人以理智赢的方式伤害了自己。无法平衡二者，任其各自为政，最终都将输了关系和人生。

3. 做了，只是做得还不到位。

"我尝试对情感做回应，可是总说不到点上""我努力放手让他们自己去做，可总忍不住想插手"……这是因方法与技巧生疏产生的拐点。习惯谈事者，突然间被告知要分享情感是困难的；习惯亲力亲为、力挽狂澜的拯救者，被要求只能场外指导是困难的。沟通方法不娴熟导致结果不理想，再加上旧模式与新行为的拉扯，我们便太容易选择放弃。毕竟，坚持需要努力，放弃却很轻松。

发现了拐点产生的原因，也就找到了应对之道和成长之路。

首先，复盘失败经历，从拐点处成长。记录你的失败经历，找到其中的拐点，并做分析。分析沟通中发生了什么，各自的反应是怎样的，彼此分别处于何种状态或角色。分析自己的内部沟通：我之所以如此反应，内部世界发生了什么？

其次，寻找新的应对方式，突破"我没有选择"的桎梏。想想前七章我们提供的那些选项，找一个你喜欢的或感觉最好用的，从它开始，丰富你的选项。也可以试着想象，如果是教练或你的榜样，他们会如何应对？这也是你的选项资源。

再次，在所有选项中，做出你的选择。确保你的选择参考了沟通系统模型，而且由它驱动的沟通符合"我好，你好，它好"的信念，并最终促成无限趋近沟通目标的沟通结果。

最后，多加练习，增强实践。不因一次效果不佳甚至失败就放弃走在正确的路上。沟通是长期行为，做好曲折前行的心理准备，坚定披荆斩棘的行动，我们终将收获螺旋上升的人生。

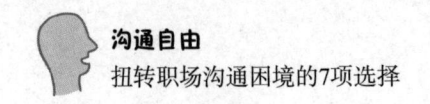

沟通自由
扭转职场沟通困境的7项选择

试图在最后一章完成前七章的回顾、查漏补缺与整合应用，再融入一些新理论与概念，实属困难。但我们必须这么做。

第一个原因出于我们的"自然型儿童"。他总是那么乐于分享自己的世界。前七章犹如我展开双手，向你分享满掌漂亮的珠贝。这一章又迫不及待地告诉你，如何创造性地实现其价值的最大化。

第二个原因出于我们的"成人自我"。他在评估全书结构后，认为如此安排更有助于我们系统地看待沟通、理解沟通。

最后一个原因出于我们的"养育型父母"。他总是想多给出一些支持与帮助。这也是我们写作本书的初衷。

让我们再一次回看那棵"沟通选择树"。请相信，"我好，你好"是我们的态度，更是我们的力量之源。祈盼我们都拥有专属的"沟通系统意象"。愿我们见树见林见天地，知己知彼知世界。

第8章
实现沟通自由

成长专题 6　我选择做自己——在文字里感受自由

亲爱的你，不必

亲爱的你，不必
强忍着泪，硬挺直肩背
用傲骄的姿态豪言"我可以"
信任的荒漠，无助的凉薄
你习惯了，坚信了
人生艰难，唯有自己

你可以失声痛哭，坦承脆弱与伤悲
你可以说"不"，说"其实我也需要帮助"

亲爱的你，不必
百密千虑，事无巨细
竭尽全力呈现最完美的作品和自己
让挑剔的目光，黯淡
让斥责的言语，魔力尽丧

万物皆有缝隙，接纳一疏一失
对自己说"即便如此，那又怎样"

亲爱的你，不必
总是低眉善目，颔首浅笑
暗自揣想他人的情绪和需要
你渴望联结，渴望岁月静好

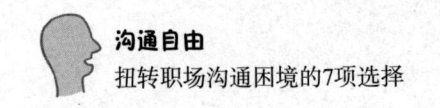

沟通自由
扭转职场沟通困境的7项选择

唯独忘了，这世界
于你而言，你最重要

向世界宣告，你的存在
向自己宣告，你值得更好

亲爱的你，不必
试图紧抓庞大世界的每一个触角
拉长双臂，踮着脚
生怕失去任何可能，错过点滴美妙
哪个才是最真的渴望在远眺

没兴趣的放掉，强压来的不要
倾注全力，享受成功接踵来到
亲爱的你，不必
行色匆忙，留一路背影给过往
是有太多的责任要担负吗
还是最向往的梦在最远方
深恐被落下吗？怀抱或时光
慢一点好吗？允许一些片刻
什么都不做，你在，已足够好

不必，不必，真的不必
从此刻起，选择做回本来的自己

后 记

你好!

在写作本书的过程中,我常想起你。

你总说自己嘴笨,不会说漂亮话。你也曾问过:"我不爱说话,能学好沟通吗?"你以群体为背书,得出类似"我们理工男,做科研、练体育的都不善沟通"的总结。你给自己施压,"我做销售、做管理的,就应该会说话"。什么时候,沟通被误解为侃侃而谈、出口成章、巧舌如簧了?人生不是辩论赛,唯能言善辩者赢。

请相信,每个人都能成为沟通赢家,只要你愿意。

内部沟通与存在沟通的质量多取决自我认知与自我定位。人际沟通需要表达,但更重要的依然是做人的品格和相处的态度。

我很喜欢沟通分析心理学对"赢"的解释。它包括,实现自己所设定的目标,目标及实现目标的行为使世界变得美好,实现目标的过程是舒适、快乐和顺利的。

如果你的目标是赢得自己的人生,而非成为最佳辩手或健谈者,能坚守"我好,你好,世界也好"的态度,你始终保持真诚,表达岂会成为阻碍。

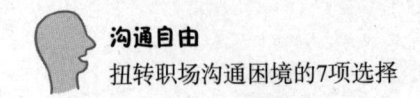

沟通自由
扭转职场沟通困境的7项选择

  尽管表达有其价值，但关于沟通，我仍希望本书能为你提供些许新的认识。它不仅陪你拆解沟通的底层逻辑，以应对沟通中的"不会""不敢"或"不愿"；更旨在助你拥有沟通自由，实现沟通更高效、发展更顺遂、人生更自在。

  本书所涉内容有限，但我愿意与你一起成长，共赴美好的心意无限。因此，请时时记起：若你需要，我一直在！